U0456598

新型电力系统
低碳转型市场机制研究

尹　硕　　王雁凌　　谢安邦
王　鹏　丁毅宏　**编　著**

中国电力出版社
CHINA ELECTRIC POWER PRESS

图书在版编目（CIP）数据

新型电力系统低碳转型市场机制研究 / 尹硕等编著.
北京：中国电力出版社，2025. 6. -- ISBN 978-7-5198-
9917-2

Ⅰ.F426.61

中国国家版本馆 CIP 数据核字第 2025FP2199 号

出版发行：中国电力出版社
地　　址：北京市东城区北京站西街 19 号（邮政编码 100005）
网　　址：http://www.cepp.sgcc.com.cn
责任编辑：罗　艳（010-63412315）　高　芬
责任校对：黄　蓓　常燕昆
装帧设计：张俊霞
责任印制：石　雷

印　　刷：三河市万龙印装有限公司
版　　次：2025 年 6 月第一版
印　　次：2025 年 6 月北京第一次印刷
开　　本：710 毫米 ×1000 毫米　16 开本
印　　张：11.75
字　　数：172 千字
定　　价：88.00 元

前　言

2021年3月15日，习近平总书记在中央财经第九次会议上首次提出新型电力系统概念，构建以新能源为主体的新型电力系统成为我国构建新发展格局、全面助力能源革命的重要抓手。次年1月，国家发改委、国家能源局正式印发《关于加快建设全国统一电力市场体系的指导意见》（发改体改〔2022〕118号）文件，标志着我国的电力市场化改革在历经2002年"国发5号文"、2015年"中发9号文"之后，进一步向电力市场化改革的深水区挺进。在构建新型电力系统、建设全国统一电力市场的双重背景下，如何充分发挥"有效市场"和"有为政府"的协同作用，优化设计服务于低碳转型的电力市场机制显得尤为重要。

本书遵循"聚焦核心、以点带面"的研究思路，锚定促进新能源消纳的电力市场机制、低碳转型背景下转型成本及成本疏导、需求侧灵活资源市场机制、促进电－碳－绿证市场协同发展的衔接机制等核心问题开展论述：一是系统性论述新型电力系统低碳转型对电力市场建设的挑战和诉求，在梳理我国电力市场建设历程的基础上，从入市机制、疏导方式、市场耦合等维度开展分析，明确战略方向；二是促进新能源消纳的电力市场交易机制研究，在总结国内外实践经验的基础上，从集中式和分布式两个维度对新能源入市机制进行优化设计；三是低碳转型背景下转型成本及成本疏导方法研究，在测算低碳转型成本、高比例新能源长周期生产成本基础上，明确成本疏导原则，提出用户侧和发电侧成本疏导方式；四是挖掘需求侧灵活资源的市场机制研究，统筹分析需求侧可调节资源的现状、类型、特点及调节潜力，从聚合商参与需求响应的视角进行市场机制优化设计；五是促进电－碳－绿证市场协同发展的衔接机制研究，分析电－碳－绿证市场建设历程及问题，研究电－碳－绿证市场协同规划方向、衔接模型和实施路径。在最后，站位能源经济与电力系统的协调发展，对全书进行总结并展望未来。

本书立足"统筹政策与市场、统筹省间与省内、统筹中长期与现货、统筹新能源与常规能源、统筹电力与碳市场"均衡发展思想，基于典型省份电量、负荷、市场化交易等数据，借助数字建模、模拟仿真、演化博弈等方法，在以下方面做出创新贡献：一是提出能源转型背景下新能源参与市场分阶段路径及优化机制；二是提出低碳转型成本测算及多维度疏导方法；三是提出电－碳－绿证市场协同发展衔接模型和实施路径。从机制建模、成本测算、路径设计等方面立体支撑新型电力系统低碳转型下的市场机制设计，助力新能源高质量发展和全国统一电力市场建设。

本书撰写过程中多次组织专家论证，感谢国网能源研究院、电力规划设计总院、华北电力大学国家能源发展战略研究院等智库专家的悉心指导。

路虽远行则将至，事虽难做则必成。大量的实践已经证明，照搬西方国家市场模式的道路在中国走不通。在建设具有中国特色电力市场征程上，我们要以中国特色社会主义道路为引领，统筹考量电力安全保供、能源绿色转型、经济运行高效等核心发展诉求开展各项工作。电力市场建设者们需持续发扬"千磨万击还坚劲"的探索精神、秉持"不畏浮云遮望眼，自缘身在最高层"的道路自信，坚定不移推进中国电力市场化改革。

本书难免存在不足之处，恳请各位读者斧正。

本书著者

2025 年 2 月于郑州绿城广场

目　录

1

新型电力系统低碳转型对电力市场建设的新要求

1.1 我国电力市场建设情况概述

1.1.1 我国电力体制改革发展历程

1.1.1.1 改革开放以来我国历次电力体制改革重要阶段

改革开放后，我国经济开始高速发展，但资金密集、技术密集的特点影响着电力工业的发展，电力短缺一度成为国民经济发展的瓶颈，电力改革的要求十分迫切。从 1985 年至今，我国电力市场化道路上经历了五个改革阶段：

第一阶段：1985 ～ 1997 年，集资办电。1985 年，我国开始实行集资办电、多渠道筹资办电的政策，从而揭开了我国电力行业改革的序幕。1995 年，由于垄断体制的"独家办电"仍不能明显缓解电力短缺，我国又开始实行多家办电，允许外商投资，发电市场投资主体多元化，对电力发展起到重要推动作用。

第二阶段：1997 ～ 2002 年，政企分开。1997 年，国家电力公司成立，电力行业开始实施政企分开，公司改制。1998 年 8 月，国家和电力公司推出以"政企分开，省为实体"和"厂网分开，竞价上网"为主要内容的改革方案，并首先在上海、浙江、山东以及东北三省这 6 个省市开展发电侧电力市场试点，向着打破垄断、走向竞争的电力市场方向迈出了第一步。这一阶段的政府机构改革和产业、企业组织结构调整为市场化改革创造了体制条件。

第三阶段：2002 ～ 2015 年，厂网分开、深化电改。2002 年 3 月，国务院出台《国务院关于印发电力体制改革方案的通知》（国发〔2002〕5号），明确了电力市场化改革的总体方向，提出构建政府监管下的政企分开、公平竞争、开放有序、健康发展的电力市场体系，确立"厂网分开、主辅分离、输配分开、竞价上网"4大改革任务。2002年10月，中国电力监管委员会成立。2003年12月，国家电力公司完成电力资产重组，拆分为两家电网公司、5家发电公司和4家辅业集团等11家公司。2003年开始推进区域电力市场试点建设工作，同年华东电网与东北电网一同确立为区域电力市场建设试点。2005年，南方电力市场集中竞争交易正式启动模拟运行，成为我国自东北、华东之后启动的第3个区域电力市场。

第四阶段：2015～2022年，新一轮电力改革。2015年3月中共中央、国务院发布的《关于进一步深化电力体制改革的若干意见》（中发〔2015〕9号），提出逐步建立以中长期交易为主、现货交易为补充的市场化电力、电量平衡机制，同年11月的6个配套文件，指明改革着手点的关键，包括《关于推进输配电价改革的实施意见》《关于推进电力市场建设的实施意见》《关于电力交易机构组建和规范运行的实施意见》《关于有序开放发用电计划的实施意见》《关于推进售电侧改革的实施意见》《关于加强和规范燃煤自备电厂监督管理的指导意见》。为加快现货市场建设，先后完成两批试点建设。2017年选取广东、蒙西、浙江、山西、山东、福建、四川、甘肃8个地区作为第一批电力现货市场试点。2021年选取上海、江苏、安徽、辽宁、河南、湖北等为第二批现货试点。

第五阶段：2022年至今，全国统一电力市场建设。2022年3月25日中共中央国务院发布《中共中央 国务院关于加快建设全国统一大市场的意见》（中发〔2022〕14号）。截至2024年底全国统一电力市场体系建设取得重要进展，基本建成了"统一市场、协同运作"的电力市场架构，形成了衔接省间、省内，覆盖全国范围、全类型周期、不同交易品种的市场体系。中长期市场启动连续运营，稳定市场预期的基础作用得到有效发挥，各省中长期交易电量同比持续增长；全国共有25个地区开展现货市场试运行，其中，4个地区现货市场已转入正式运行，稳步推进了现货市场建设。辅助服务市场逐步完善，全国各电网区域实现辅助服务市场全覆盖，普遍建设运行了区域内调峰辅助服务市场，部分区域开展了区域备用、调频辅助服务市场。绿色电力需求稳步增长，绿电交易规范有序开展。

电力体制改革发展历程如图 1-1 所示。

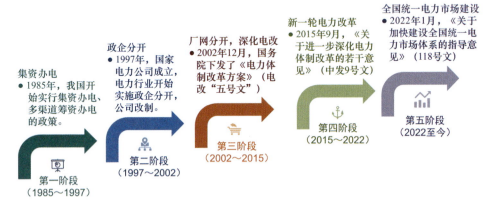

图 1-1　电力体制改革发展历程

1.1.1.2　历次市场化改革分析及经验

1. 集资办电阶段

集资办电在一定程度上突破了电力短缺的瓶颈，但按成本推算、"一报一批式"的电价政策也造成了电价持续增长的混乱局面。

中华人民共和国成立后相当长的时间内，我国电力都处于一种供不应求的短缺状态，成为影响人民生活质量、影响国民经济和社会发展的瓶颈，而另一方面，中国的电力工业一直作为公益性事业由国家投资和管理。直到 20 世纪 80 年代，国家提出"谁投资、谁用电、谁受益"的集资办电的政策。中国大规模地开展集资办电，同时电价出现了松动。到 1995 年，经历了十几年发展，中国电力工业行业终于突破了电力短缺的瓶颈，缺电的矛盾得到了历史性的缓解。虽然集资办电在我国电力发展史上曾经起到积极的作用，但是也带来一些负面影响。集资办电的电价执行的是按成本推算、"一报一批式"的电价政策，这造成了我国电力市场的电价"一厂一价"甚至"一机一价"，不能体现市场法则的要求。电价复杂到了十分混乱的局面，在我国电力快速增长的十几年中，电价一直在不断地增长，这与不清晰的电价政策有一定的关系。

2. 厂网分开阶段

厂网分开一定程度上提高了发电市场的竞争水平，但不可避免的是发电侧依然存在寡头垄断市场的现象。

试点建设过程中初步实现了厂网分开；探索形成了适合各省实际情况的几种有效的竞价模式；市场运营规则和监管规则的探索积累了经验，提高了市场意识；初步开展电力市场技术支持系统的研究和开发，并根据市场的进展，不断进行完善和改进。

2002年国务院下发《国务院关于印发电力体制改革方案的通知》（国发〔2002〕5号）要求，重组国家电力公司管理的发电资产，按照建立现代企业制度要求组建若干个独立的发电企业。2002年11月党的十六大明确提出：推进垄断行业改革，积极引入竞争机制。政府通过改革在一定程度上提高了发电市场的竞争水平，但不可避免的是发电侧依然存在寡头垄断市场的现象。

一是新组建的五大发电集团拥有发电容量约3200万kW，其合计总容量约占全国发电装机总容量的50%，拥有较大的市场势力。如通过"跑马圈地"限制其他竞争者进入；或是在电力需求处于高峰时通过控制发电量来抬高电价。

二是发电市场中的大企业尽管数量少，但却占有大部分市场，产业内其他企业只占有小部分市场，这些国有大企业相互影响大，企业之间容易采取协调一致的行为，共同商定价格、市场份额，以谋取利益的极大化。

三是由于区域电力市场内输电线路的传输能力限制了电力市场的地理范围，当时许多省级地域范围内电力供应由某一发电集团提供，具有垄断地位，增加了其在输电范围内市场的操纵权。

四是我国的一次能源资源状况决定常规火电在相当时期内是主要的电源形式，而常规火电的规模使得其他投资者进入电力市场存在较大的壁垒，沉没很高，进入和退出都很困难。

国家电力公司电厂与独立电厂之间的不公平竞争亟待解决，坚持电力部门的市场化改革仍是当时的唯一出路。

3. 深化电改阶段

以"厂网分开、竞价上网"为基础，以区域电力市场建设为重点，打破了市场壁垒，充分发挥了市场配置资源的基础作用。但是随着中国经济步入新常态，国际国内经济形势的各种不确定因素和风险加大，电力需求出现明显放缓趋势，电力能源环境问题与安全问题凸显，如何针对新形势下的能源电力经济进一步深化改革，成为政府工作的重点。这一阶段主要问题：

一是国内外经济与电力供需形势出现较大变化，改革环境风险加大。

区域市场建设阶段正处于国内外经济与电力供需形势出现较大变化，改革环境风险加大。2003 年，中国经济增长速度达到 10.5%，电荒苗头开始显现，发电企业竞价上网动力明显不足；2003 年 8 月 14 日的美加大停电事故、后续的英国伦敦与欧洲电网等多起大停电事件，以及国外电力改革后出现的市场操纵与电价上涨等负面效应加大了国内对电改引发通胀预期和不稳定因素的担忧，使得改革重心向维护电网安全稳定运行偏移。

二是国际低碳转型趋势及国内能源环境问题日益严峻，促使我国工作重心偏向可再生能源技术发展。

国际低碳转型趋势及国内能源环境问题日益严峻，促使我国加快发展可再生能源发电技术，对电网安全稳定运营的依赖性提高，市场化改革态度则较为保守，改革步伐放缓。然而，经济改革不应随着个人意志而转移，而是要符合一国国情与经济发展规律。

三是电力市场相关机制不完善、监管力度不足、市场作用未能充分发挥。

电力市场改革面临许多矛盾和问题，如电力交易机制还很薄弱，市场定价机制尚未有效形成，某些业务领域的行政性垄断依然过强，管制制度与管制专业化水平有待提高，企业生产效率还有很大的提升空间，企业产权制度单一、市场竞争格局有待优化，市场配置资源的决定性作用难以发挥，产业组织间的利益博弈与矛盾突出，节能高效环保机组不能被完全有效利用，弃水、弃风与弃光现象突出。此外，现行政府管制电价政策不灵活，电价调整滞后于市场供需形势与能源成本变化，不能合理地反映用电成本与资源价格，缺乏对供需机制、竞争机制与外部性的有效反映。

四是电力市场的理论机制还需要在借鉴国外市场化经验教训基础上，根据我国的国情进一步深化研究。

电力改革是一个世界性的课题，纵观世界各国的电力市场化改革实践，既有电价降低，服务质量提高的成功经验，也有像美国加州电价飞涨、电力短缺的电力危机。电力改革一般都是要实现多重目标的平衡，实施电力改革、建立竞争性电力市场是一个复杂的过程。一个设计错误的方案，自己不能纠正自己。我国正在深化电力改革，建议认真分析研究各国电力改革进程和出现的问题，从中得到一些有益的启示，发展出适应我国国情的电力市场建设路径。

4. 新一轮电力改革阶段

自《关于进一步深化电力体制改革的若干意见》（中发〔2015〕9号）及其配套文件发布以来，"管住中间、放开两头"的行业格局基本形成，经营主体活力逐步释放，市场在资源优化配置中的作用明显增强。但同时，电力市场还存在体系不完整、功能不完善、交易规则不一、跨省跨区交易存在市场壁垒等问题。

5. 全国统一电力市场建设阶段

我国已初步建立了"统一市场，协同运作"的全国统一电力市场总体框架。从市场建设看，基于电量的中长期交易已实现常态化运营，现货交易试点工作取得突破，电力市场体系初步形成；从市场运营看，各类交易规范组织，经营主体广泛参与，市场活力有明显提升；从市场成效看，资源配置逐步由以计划为主向市场为主转变，75%的售电量不再通过计划方式安排，由经营主体通过双边协商和集中竞争等方式自主决定量价。

由于我国电力资源配置正处于"计划向市场转型期"，电力系统处于"新型电力系统过渡期"，经济社会正处于"新发展格局构建期"，三期叠加为新形势下的电力市场建设带来前所未有的重大挑战。一些问题亟待推动解决，包括清洁低碳与安全保供统筹、体现煤电支撑价值的市场机制、省间市场与省内市场衔接、用户侧经营主体参与市场、适应高比例新能源的市场机制等方面。

1.1.2 电力现货市场建设情况

中发〔2015〕9 号印发实施以来，我国电力市场建设稳步有序推进，电力商品属性得到进一步还原，初步形成多元竞争主体格局，市场在资源优化配置中作用明显增强。

2023 ～ 2024 年，我国电力现货市场建设进一步全面推进。山西、广东电力现货市场于 2023 年 12 月先后从长周期结算试运行转入正式运行，2024 年 6 月山东现货市场转入正式运行，2024 年 9 月甘肃现货市场转入正式运行，我国电力现货市场建设迈上新的征程。其他试点地区市场持续完善迭代，非试点地区积极探索实践，总体呈现全面发展的趋势，覆盖全国的电力现货市场进入实施阶段。总体而言，截至 2024 年底，包括第一、二批试点地区和南方区域在内，全国共有 4 个正式运行的电力现货市场（山西、广东、山东、甘肃），5 个连续结算试运行的电力现货市场（蒙西、湖北、浙江、福建、陕西），5 个已开展长周期结算试运行的电力现货市场（江苏、河南、河北南网、四川、辽宁），5 个已开展结算试运行的电力现货市场（江西、宁夏、重庆、湖南、南方区域），6 个已开展模拟（调电）试运行的电力现货市场（天津、上海、青海、新疆、吉林、黑龙江），国家电网公司省间电力现货市场启动整年连续结算试运行。截至 2024 年底，我国各地区现货市场建设进度见表 1-1。

表 1-1　　　　　　　我国各地区现货市场建设进展

现货市场建设进展	省份及地区
模拟（调电）试运行	天津、上海、青海、新疆、吉林、黑龙江
结算试运行	江西、宁夏、重庆、湖南、南方区域
长周期结算试运行	江苏、河南、河北南网、四川、辽宁
连续结算试运行	蒙西、湖北、浙江、福建、陕西
正式运行	山西、广东、山东、甘肃

1.1.2.1 第一批现货市场

2017 年选取广东、蒙西、浙江、山西、山东、福建、四川、甘肃 8 个地区作为第一批电力现货市场试点。第一批试点长周期结算试运行形成了连续运营的现货市场。

（1）南方（以广东起步）。2019 年 5 月启动现货结算试运行，2021 年 11 月起开始连续结算试运行。《南方（以广东起步）电力市场运营规则体系（征求意见稿）》（南方监能市场函〔2018〕195 号）形成了"1+8"模式的电力现货市场规则体系，包括《广东电力市场运营基本规则》和对中长期交易、现货电能量交易、调频市场交易、市场结算、信息披露、市场准入退出管理和信用管理等 8 个方面制定的实施细则。作为首批 8 个电力现货市场试点地区之一，南方（以广东起步）电力现货市场建设走在全国前列，创新性地提出电力现货市场利益平衡、风险控制、市场衔接等关键问题的解决方式，是符合我国国情、具有中国特色的电力现货市场交易规则。2023 年 10 月 27 日，广东省发改委、国家能源局南方监管局印发《南方（以广东起步）电力现货市场建设实施方案（试行）》（粤发改能源〔2023〕304 号）。文件提出，条件成熟时，研究建立输电权交易机制、容量市场；探索开展电力期货和电力场外衍生品等交易；建立健全适应新型能源体系的市场交易机制，促进电力市场与一次能源、碳排放等市场的良好衔接。

2024 年 6 月，南方（以广东起步）电力现货市场首次完成按周结算试运行。在这 7 天的结算周期内，平均电力价格为 0.259 元 /kWh，价格随供需灵活调整，确保了市场的稳定运行。此次试运行期间，通过调峰机制，成功促进了约 3000 万 kWh 清洁能源的消纳，相当于减少了约 9000t 燃煤的使用，展现了市场对绿色能源的有力支持。2024 年 11 月 1 ～ 28 日，南方区域电力现货市场完成首次全月结算试运行。结算试运行范围为省间联络线计划、五省区参与优化出清的电源。其中，广东全部 220 千伏及以上新能源厂站，广西、云南、贵州部分试点新能源以报量报价形式参与现货出清。区域日前市场出清均价为 0.312 元 /kWh，实时市场出清均价为 0.303 元 /kWh，相较日前价格下降 3%。结算试运行出清价格与负荷走势总体一致，各省区价格随着天气、新能源发电等因素小幅变化，与供需形势变化、系统运行特点吻合。

（2）蒙西。2019 年 6 月开始，蒙西电力现货市场分别完成了短期、周、双周、整月共计 6 次结算试运行，包括 2 次整月试结算。2022 年 6 月 1 日启动新一轮现货市场连续结算试运行，目前已经连续运行超过 2 年。2022 年 6 月 1 日新一轮现货结算试运行采用发电侧全电量竞价、用户侧与中长期的偏差部分电量参与现货出清的模式，按照发电侧报量报价、用户侧不报量不报价的方式参与市场。作为全国首个"单轨制"电力现货市场，蒙西在新能源参与现货市场、用户侧分区域结算、设置特定的风险防范机制等多方面开展机制创新。此外，蒙西的电力现货市场规则中，出现了许多不同于我国其他现货试点的设计，如不开设日前市场、采用用户侧分区节点加权平均价而非发电侧节点加权平均价作为参考结算点价格等。

（3）浙江。2019 年 5 月 30 日启动模拟试运行，2021 年 12 月 1 日，第五次结算试运行正式启动，历次结算试运行情况如表 1-2 所示。2024 年，浙江省电力市场规则将产生如下变化。

表 1-2　　　　浙江电力现货市场历次结算试运行情况

结算试运行	第一次	第二次	第三次	第四次	第五次
起止时间	2019 年 9 月 20 ～ 26 日	2020 年 5 月 12 ～ 18 日	2020 年 7 月 1 ～ 31 日	2021 年 3 月 1 日～ 5 月 31 日	2021 年 12 月 1 ～ 31 日
持续时长	一周	一周	整月	季度	整月
外部环境	首次	检修高峰期	迎峰度夏期	大检修和汛期	迎峰度冬期
出清电量（亿 kWh）	3.41	4.76	19.88	68.03	23.91
实时平均出清价（元 /MWh）	266.95	373.19	187.3	396.9	549.61
中长期价格（元 /MWh）	439.43	420.31	407.93	418.71	496

1）调整用户电价构成，根据第三监管周期输配电价政策，将输配电价中的上网环节线损费用和系统运行费单列。

2）调整零售价格，调整后，所有零售套餐由原"尖峰、高峰、低谷"

分时价格调整为按单一价签订。

3）建立煤电价格联动机制，定性定量明确联动公式，实施年度和月度联动。

4）增设零售封顶价格条款作为可选项，保证用户电价将就低不就高。2024 年 4 月，浙江能源监管办、省发展改革委、省能源局联合印发《浙江电力现货市场规则》（浙监能市场〔2024〕4 号）及配套实施细则后，从 5 月 1 日起浙江电力现货市场第 6 次结算试运行工作顺利启动，截至 2024 年 10 月已连续运行 5 个月。

（4）山西。自 2019 年开始试运行，山西电力现货市场先后进行了七次结算试运行，2021 年 4 月 1 日开始连续结算试运行，累计试运行天数全国第一。山西集中式现货市场由日前市场和实时市场组成，市场架构为"中长期 + 现货 + 辅助服务"。首创开展中长期逐日分 24 个时段交易，实现了由"电量"交易向"电力"交易的转变。为更好服务市场建设，山西贯通了现货及辅助服务交易技术支持系统、新一代电力交易平台、用户侧计量采集系统、新一代电费结算系统、电力零售交易平台、营销业务系统 6 大系统，打通了信息发布、交易申报、交易组织、交易执行、计量和结算等业务环节，相关系统无缝衔接，协同高效，安全可靠，有力有效支撑了现货市场稳定运行。此外，根据规则滚动优化需要，及时开展技术支持系统的升级改造。针对用户参与现货交易计量难点，全面推动用户侧计量采集系统升级改造，自 2023 年起山西直接参与市场交易的电力用户全部具备 96 点分时计量条件。此外，山西探索建立适合新能源特性的虚拟电厂市场化运营模式，建立了现货背景下的虚拟电厂市场化运营机制，目前试点项目已入市参与交易。

（5）山东。从 2021 年 12 月 1 日启动连续结算试运行以来，连续结算试运行已超过 3 年，2024 年 6 月现货市场转入正式运行，电力现货市场运行至今，市场交易平稳有序，电网运行安全稳定，经营主体反映良好，通过结算试运行工作，市场机制得到验证，市场体系逐步完善。在山东电力现货市场建设过程中，积累了以下先进经验：

1）创新建立全国首个电力现货市场容量补偿机制。采用容量补偿机制起步，根据发电机组折旧、职工薪酬、材料费、修理费、其他费用等固定成本，确定容量补偿电价标准。容量补偿费用从用户侧收取，收取标准暂定为 0.0991 元 /kWh（含税）。2022 年补偿机组范围由煤电机组扩大为煤电、新能源发电和储能电站等，综合考虑发电机组类型、投产年限、可用状态等因素，给予各类机组容量补偿。

2）持续优化现货规则和核心出清算法。结合省内市场运行情况，先后 6 次优化调整市场交易规则。除建立容量补偿机制外，改进创新十点斜线式报价机制，使出清结果更优化。

3）推动实现更合理的市场分时价格。现货出清价最高可达 1.5 元 /kWh，最低可至 −0.1 元 /kWh，有效反映分时电力供需形势。从 2023 年起，根据山东电力系统用电负荷或净负荷特性变化，参考现货电能量市场分时电价信号，在全体工商业用户中试行基于峰荷责任法的容量补偿电价机制与零售套餐分时价格约束机制，容量补偿分时峰谷系数划分后尖峰系数为深谷系数的 20 倍，同时明确了零售合同峰谷时段要求及浮动比例，高峰时段均价在平段均价基础上上浮不低于 50%，低谷时段均价在平段均价基础上下浮不低于 50%。

（6）福建。福建电力现货市场 2019 年 6 月启动试运行。2020 年 8 月 18 日，福建电力现货市场正式转入不间断结算试运行。福建电力现货市场引入用户侧参与，开展双边市场建设，建立"日前市场 + 实时市场"集中优化为核心的现货市场结构，逐步构建完整的电力市场体系。2023 年 3 月开始，经历多轮次模试运行，验证了技术支持系统和流程有效性。2023 年 12 月和 2024 年 6 月，福建分别组织开展双边电力现货市场两次结算试运行，标志着福建电力现货市场由发电侧到用电侧建设全流程贯通。2024 年 6 月，福建双边电力现货市场进行第二次结算试运行。第二次结算试运行中现货市场出清价格波动加剧，按日统计出清价格最低均为 0 元 /MWh，价格变化区间位于 0 ～ 452.00 元 /MWh。

（7）四川。2019 年 6 月，四川电力现货市场成功启动模拟试运行。四川电力现货市场具有独特的丰水期"水电现货"和平枯水期"火电现货"。

2022 年，四川实现"火电现货"市场长周期结算连续试运行，但"水电现货"市场在 2020 年 10 月后未开展长周期结算试运行。四川是水电大省，发电能力受来水影响较大，供需形势复杂，国内外并无大量成熟经验可以借鉴，造成四川电力现货市场建设难度与挑战巨大。《关于进一步加快电力现货市场建设工作的通知》（发改办体改〔2023〕813 号）指出，四川结合实际持续探索适应高比例水电的丰枯水季相衔接市场模式和市场机制。近年来，四川电网规模不断扩大，网架结构不断加强。目前已建成"四直八交"交直流混联枢纽电网。四川电力现货市场的技术支持系统，除了电力现货市场运营必需的数据准备、市场申报、竞价出清等功能外，还开发了针对梯级水力－电力耦合约束进行联合出清的功能。

（8）甘肃。2020 年 4 月，甘肃成为全国率先完成为期一个月长周期结算试运行的省份。自 2021 年 5 月 1 日起连续结算试运行，甘肃现货市场建设进入第二阶段，引入用户侧，吸引硅铁等负荷可调的高耗能企业参与购买新能源现货。2024 年 2 月甘肃进一步优化市场交易机制，完善中长期"D+3"日滚动交易，电力用户在 D+3 日滚动融合交易序列既能增持用电合同，也能减持用电合同，标志着电力用户正式步入"买"和"卖"双向交易的开端。同时，各交易时段限价由火电中长期上限价变为现货市场限价，有效促进中长期市场与现货市场衔接。2024 年 7 月甘肃进一步明确现货市场结算运行细则，日前现货采用"发用双侧分段报价、集中优化出清"的方式开展，以节点边际电价机制定价。同时现货市场采用"日清月结"模式，以每 15min 作为最小结算时段。2024 年 9 月，甘肃电力现货市场连续不间断结算试运行 40 个月后转入正式运行，成为继山西、广东、山东之后，全国第四个转入正式运行的省（区）级电力现货市场。

1.1.2.2　第二批现货市场

2021 年选取上海、江苏、安徽、辽宁、河南、湖北 6 个地区为第二批现货试点。第二批电力现货试点已全部启动模拟试运行。其中江苏完成了交易规则发布、技术支持系统建设、3 次模拟试运行和 4 次结算试运行，不仅是国家第二批电力现货市场试点省份首个实现模拟试运行的省份，而且各项工作走在全国第二批现货市场试点省份的前列。

（1）上海。2022年7月22～28日，上海电力现货市场首次模拟试运行，为期一周。到目前为止，上海电力现货市场已经历五次模拟及调电试运行工作，正在准备结算试运行相关工作。上海电力现货市场模式采取"全电量＋集中式"市场模式，市场环节包含日前市场与实时市场，在日前市场中发电侧报量报价、用户侧报量不报价、全电量集中优化方式，实时市场沿用日前发电侧报价曲线，结合实际负荷及其他市场边界条件进行实时出清，出清得到96个点的发电计划和节点电价。

（2）江苏。2022年，江苏先后完成了现货交易规则发布、技术支持系统建设、三次模拟试运行和3次结算试运行，各项工作走在了全国第二批现货市场试点省份的前列，为进一步健全完善现货规则积累了宝贵的经验。六次试运行均采用"全电量竞价、偏差结算"的模式，电能量市场和辅助服务市场独立运行、顺序出清。发电侧经营主体报量报价参与日前市场，采用日前封存量价信息参与实时市场。用户侧经营主体不报量不报价，参与实时市场结算。2023年11月15日～12月14日，江苏开展2023年首次现货结算试运行工作。

（3）安徽。2022年3月30日，安徽电力现货市场模拟试运行正式启动。现货电能量主要包括日前市场和实时市场。市场初期采用"中长期差价合约＋全电量集中优化"的集中式市场模式，发电侧报量报价，用户侧不报量报价，接受现货价格，实现发电侧成本传导。2023年9月17日，安徽电力交易中心发布《安徽电力现货市场2023年第二轮结算试运行工作方案（整周）》。本次结算试运行时间为2023年9月19～25日。方案明确，省调公用煤电机组（10万kW及以上）67台机组报量报价；2022年及以后已注册的61座省调平价新能源场站报量不报价；独立储能电站8座报量报价/自调度；52家一级市场化用户和22家售电公司（所代理市场化用户均具备计量条件报量不报价，采用日清月结方式）；37家售电公司（所代理市场化用户部分不具备计量条件）、电网代理购电用户不报量不报价，作为价格接受者参与现货市场结算，采用月清月结方式。2024年5月，安徽开展首次整月结算试运行，现货电能量市场以日和实时（5 分钟）为周期开展，调频辅助服务市场以 1h 为周期开展。现货电能量市场与辅助服务市场采用集中竞价方式开展。

（4）辽宁。2022 年 6 月 20 日，辽宁电力现货市场成功开展了第一次模拟试运行，辽宁电力市场进入"现货时代"。2023 年 9 月 11 日～10 月 10 日，辽宁电力现货市场首次成功实现长周期试运行，成为东北地区首家开展长周期试运行的省级电力现货市场。此次试运行中，辽宁电网风光火核各类型电源（超过 90% 装机容量）及全部市场化用户（超过 70% 年用电量）共同参与，在国内创新开展了电力现货市场"多场景、多阶段"耦合试运行，科学设计了"现货＋调峰"两个场景，首次实现了省内调峰与现货市场融合运行，统筹完成了模拟、调电和结算的实用化验证。

（5）河南。2022 年 6 月 28 日～7 月 4 日，河南省持续开展日前和实时市场全周期试运行。2022 年 11 月 16～23 日，河南电力现货市场完成第一次短周期调电（结算）试运行。本次试运行期间，发电侧 116 台直调燃煤机组参与市场量价申报，86 台机组进入开机组合，5 家集中式新能源报量不报价参与市场，用户侧 21 家售电公司（代理 176 家电力大用户）和 1 家电力大用户报量不报价参与市场，电能量市场、调频辅助服务市场和调峰辅助服务市场联合协调出清。2023 年 12 月，河南发改委发布的《关于对加快推进规模化开发促进全省新能源高质量发展行动方案征求意见的函》提出要推动电力现货市场开展长周期结算试运行，鼓励新能源项目参与电力市场交易。

（6）湖北。湖北省自 2016 年启动现货市场建设，通过"三阶段、两步走"，在运行中逐步形成以"中长期＋现货"为主体的交易体系，已开展 2 次模拟试运行、1 次调电试运行、1 次结算试运行。2022 年 6 月 30 日～7 月 6 日、2022 年 10 月 31 日～11 月 6 日，湖北开展了两次为期 7 天的电力现货市场模拟试运行，进行了交易组织、交易出清及交易结算的全流程模拟，市场交易结果不实际调电、结算。2022 年 11 月 24～26 日，湖北开展了一次为期 3 天的电力现货市场模拟调电试运行，本次试运行根据交易结果进行实际调电运行，但不进行结算。2022 年 12 月 23 ～ 29 日，湖北电力现货市场开展第一次结算试运行，并选择试运行期间差额资金最小的一天开展实际结算。本次结算试运行中，统调燃煤机组及集中式新能源场站均参与结算试运行，且新能源实现优先出清、全额消纳。2023 年 9 月 1 日起，湖北正式开展现货市场长周期结算试运行。

1.1.2.3　南方区域电力现货市场

南方区域电力市场建设从 2017 年开始，从广东起步，向区域扩展，覆盖广东、广西、云南、贵州、海南等南方五省区，其中南方区域电力现货市场是我国首个开展结算试运行的区域电力现货市场。2022 年 12 月～ 2024 年 3 月，南方区域电力现货市场已累计组织开展 7 次调电试运行，并于 2024 年 6 月 24 ～ 30 日首次完成了按周结算试运行。有望在 2025 年实现连续结算运行。

在为期 7 天的交易结算中，电力市场运行平稳，电力价格紧跟供需变化，平均价格为 0.259 元 /kWh，充分验证了市场在汛期来水、新能源大幅波动、保供电等多种复杂场景下的合理性和可行性。

通过调峰与现货融合出清，有效促进了清洁能源消纳。区域市场按周结算试运行期间，通过调峰机制共促进南方区域清洁能源消纳约 3000 万 kWh 电，相当于减少约 9000t 燃煤的使用。

2024 年 11 月 1 ～ 28 日，南方区域电力现货市场完成首次全月结算试运行。通过全月结算试运行，西电东送根据日内供需灵活调整，促进了发电资源优化配置。试运行期间共有 12 项送电类别参与区域现货日前市场出清优化。截至 2024 年 11 月 28 日，累计出清跨省交易计划 135.1 亿 kWh，跨省交易计划累计增送 6.5 亿 kWh。与此前结算试运行相同，这次也运用了省间利益平衡临时调整机制，对省间送电类别现货结算模式电费（含不平衡资金分摊），以电费回收或补偿的方式进行收益调节。各省区可参照跨省不平衡资金分摊规则将收益调节电费分摊至市场主体。

1.1.2.4　非试点地区现货市场

2023 年 6 月 20 日，江西率先完成全国首个非试点地区电力现货市场结算试运行；宁夏、河北南网、陕西和重庆 4 个地区于 2023 年下半年陆续启动结算试运行；青海和新疆完成了模拟和调电试运行；吉林完成了模拟试运行。河北南网、重庆、宁夏、新疆、青海、黑龙江和吉林等7个地区共开展不同周期的模拟试运行12次；江西、河北南网、湖南、重庆、宁夏、山西、新疆、青海和黑龙江9个地区共开展调电试运行21次，其中，江西累计调电试运行时间超60天；江西、河北南网、湖南、重庆、宁夏、陕西6个地区共开展结算试运行7次，其中，河北南网、江西和陕西进行整周连续结算试运行。

1.1.3 全国统一电力市场建设现状

1.1.3.1 顶层设计层面

中共中央、国务院部署新一轮电力体制改革以来，我国电力市场化建设快速推进，《关于进一步深化电力体制改革的若干意见》（中发〔2015〕9号）、《关于印发电力体制改革配套文件的通知》（发改经体〔2015〕2752号）、《关于加快建设全国统一电力市场体系的指导意见》（发改体改〔2022〕118号）等电力体制改革、电力市场顶层设计政策文件相继出台。《电力市场运行基本规则》（国家发展改革委2024年第20号令）及《电力中长期交易基本规则》（发改能源规〔2020〕889号）、《电力现货市场基本规则（试行）》（发改能源规〔2023〕）1217号、《电力市场信息披露基本规则》（国能发监管〔2024〕9号）、《电力市场注册基本规则》（国能发监管规〔2024〕76号）等基本规则陆续完成制修订，逐步构建起全国统一电力市场"1+N"基础规则体系。

1.1.3.2 市场体系功能层面

1. 省间电力交易体系已基本建成

《北京电力交易中心跨区跨省电力中长期交易实施细则（2024年修订稿）》（京电交市〔2024〕38号）经多轮修订后于2024年6月正式印发，成为落实电力中长期交易的操作细则，为经营主体参与跨区跨省电力中长期交易提供依据。省间现货方面，在2017年7月出台的《跨区域省间富余可再生能源电力现货交易试点规则（试行）》基础上，2021年11月，国家电网公司印发了《省间电力现货交易规则（试行）》。

2022 年 1 月 1 日，省间电力现货市场启动试运行。期间市场运行总体平稳，经营主体踊跃参与。国家电网公司数据显示，2022 年省间现货市场全年累计交易电量 278 亿 kWh，日均成交电量 0.88 亿 kWh，单日最大成交电力超 1900 万 kW。从售电侧来看，21 个地区累计超 6000 家新能源、火电和水电企业参与省间现货售电，其中，风电、火电主要集中在"三北"地区，光伏主要集中在西北、华北地区，水电集中在西南地区。新能源企业在省间现货市场"报量报价"参与交易。从购电侧来看，25 个省级电网企业按照地方政府要求参与省间现货购电。从电源类型来看，全年火电成交量最多，其次是水电、风电、光伏，春季主要以新能源为主，度夏和度冬期间以火电为主，5～6 月、10～11 月西南水电大发时期以水电为主。从交易均价看，现货市场在夏冬用电高峰时段较高，其余月份均低于中长期市场。2022 年全年，省间现货市场清洁能源累计成交电量 133.1 亿 kWh，减少风电、光伏弃电 47.7 亿 kWh，在新能源装机增长过 7000 万 kW 的情况下，仍保持了 97% 以上的利用率。

2022 年 1 月启动试运行以来，经过 31 个月的连续试运行，机制平稳有序，2024 年 10 月 15 日，省间电力现货市场转入正式运行，我国电力市场化交易范围进一步扩大。截至 2024 年 10 月，交易范围已实现国家电网经营区和蒙西地区全覆盖，交易主体超过 6000 个，涵盖多类型发电主体，累计交易电量超过 880 亿千瓦时，其中清洁能源电量占比超 44%。此外，省间电力现货市场转入正式运行，还将会更好促进新能源的消纳。2024 年前 8 个月试运行期间，通过现货市场，新能源利用率提升了 1 个百分点。

2. 中长期交易稳步大幅增长

电力中长期市场已在全国范围内基本实现常态化运行，中长期交易规模持续增长，2023 年全国中长期交易电量占市场交易电量比重的 90% 以上，中长期合同履约率超过 96%，成交价格平稳，充分发挥了电力中长期交易保供稳价的基础作用。中长期市场在省间、省内全覆盖基础上正逐步转入连续运营，近 10 个省份已实现按工作日连续开市，省间多通道集中优化出清交易转正式运行，跨省跨区交易方式更加灵活。省内中长期市场以年度交易为主、月度交易为辅，月内交易频率逐步提高，部分省份探索开展了 D-3 或 D-2 交易。交易时段划分更加精细，多个省份实现了中长期合同按照 24 时段签约电力曲线，通过分时段的交易机制和价格信号，引导经营主体主动响应系统峰谷变化，提升资源配置效率。

3. 电力市场绿色消纳机制逐步建立

为适应新能源大规模发展需要，新能源入市节奏进一步加快。2024 年，全国新能源市场化交易电量达 7699 亿 kWh，占全部新能源发电的 51.8%。部分大型发电企业新能源参与市场比例已超过 50%。积极构建绿电、绿证市场体系，印发《电力中长期交易基本规则—绿色电力交易专章》（发改能源〔2024〕1123 号）、《可再生能源绿色电力证书核发和交易规则》（国能发新能规〔2024〕67 号），不断完善交易机制，促进绿电、绿证交易规模不断扩大。截至 2024 年底，我国交易绿证 5.53 亿个，其中绿证单独交易 3.15 亿个、绿电交易绿证 2.38 亿个。

4. 电力现货试点稳步推进

国家发改委、国家能源局下发的《关于加快推进电力现货市场建设工作的通知》（发改办体改〔2022〕129 号），对第一、二批试点地区提出要求：第一批试点地区原则上 2022 年开展现货市场长周期连续试运行；2022 年 3 月底前，参与中长期交易的用户侧应全部参与现货交易。第二批试点地区原则上在 2022 年 6 月底前启动现货市场试运行。2023 年 9 月，国家发改委、国家能源局联合下发首部国家层面指导现货市场设计及运行的规则——《电力现货市场基本规则（试行）》（发改能源规〔2023〕1217 号），明确了电力现货市场建设路径。2023 年 10 月，国家发展改革委办公厅、国家能源局综合司发布的《关于进一步加快电力现货市场建设工作的通知》（发改办体改〔2023〕813 号）对现货市场建设要求进一步明确，相关政策如图 1-2 所示。

各试点省现货市场形成了初步反映实时供需的市场价格信号，带时标的价格信号可引导用户主动参与调峰，价格波动符合电力供需规律，能够一定程度上反映电力不同时段的价值。

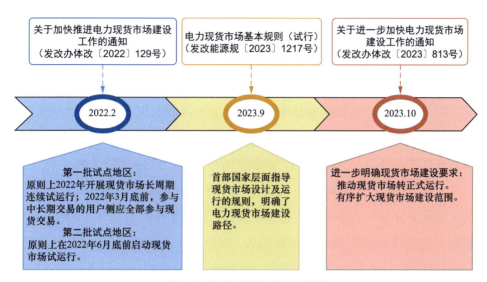

图 1-2 我国现货市场有关政策

5. 辅助服务市场不断完善

电力辅助服务市场基本实现全国覆盖。2021 年国家能源局修订发布《电力并网运行管理规定》（国能发监管规〔2021〕60 号）和《电力辅助服务管理办法》（国能发监管规〔2021〕61 号），进一步规范了电力辅助服务管理。2024 年国家发展改革委、国家能源局下发《关于建立健全电力辅助服务市场价格机制的通知》（发改价格〔2024〕196 号）就电力价格形成机制、提升电力系统综合调节能力等方面进行完善。市场化交易的辅助服务品种不断拓展，初步建立市场引导的辅助服务资源优化配置机制，形成以调峰、调频、备用等交易品种为核心的区域、省级辅助服务市场体系，实现了市场对资源的优化配置，对保障电力系统安全稳定运行、促进新能源消纳、降低系统调节成本发挥了积极的作用。部分地区积极推动辅助服务市场机制创新，积极探索辅助服务市场与现货市场协同运行，引导独立储能、虚拟电厂、负荷侧可调节资源等新型主体参与辅助服务市场，取得了良好效果。

1.1.3.3 交易机制层面

1. 电力市场规模持续增长

《关于进一步深化燃煤发电上网电价市场化改革的通知》（发改价格〔2021〕1439 号）以及《关于组织开展电网企业代理购电工作有关事项的通知》（发改办价格〔2021〕809 号）印发以来，我国发用电计划进一步放开，电力市场交易规模不断扩大。2024 年，全国各电力交易中心累计组织完成市场交易电量 6.18 万亿 kWh，同比增长 9%，增速较上年同期（7.9%）提高了1.1%，占全社会用电量比重为 62.7%，占电网售电量比重为 76%。全国市场化交易电量由 2016 年的 1.1 万亿 kWh 增长至 2024 年的 6.2 万亿 kWh，占全社会用电量的比例由 17% 提升至 63%。2024 年，全国跨省跨区市场化交易电量 1.4 万亿 kWh，较 2016 年增长 10 余倍，市场促进电力资源更大范围优化配置的作用不断增强，如图 1-3 所示。经营主体数量快速增长，市场开放度、活跃度大幅提升。全国电力市场注册经营主体已突破 74 万家，较 2016年改革初期的 4.2 万家增长逾 17 倍，规模稳居全球首位。各类经营主体市场参与度和技术能力不断提升，电力市场活跃度进一步提高。

2. 电力价格形成机制逐步完善

国家通过深化上网电价改革、开展输配电价成本监审、建立容量电价机制等方式，不断完善电力价格形成机制，放开竞争性环节价格，科学反映电力成本变化和电力商品多元价值，更加适应新型电力系统构建要求。《关于进一步深化燃煤发电上网电价市场化改革的通知》（发改价格〔2021〕1439号）要求燃煤发电和工商业用户全部进入电力市场，建立了市场化的价格机制。目前，我国已形成跨省跨区专项工程、区域电网、省级电网三级输配电价体系，输配电价成本监审工作有序推进。《关于第三监管周期省级电网输配电价及有关事项的通知》（发改价格〔2023〕526 号）进一步完善市场化环境下用户侧的电价构成和形成机制。《关于建立煤电容量电价机制的通知》（发改价格〔2023〕1501 号）建立了容量电价机制，实行煤电两部制电价政策，更加适应煤电向基础保障性和系统调节性电源并重转型的新形势，助力"双碳"目标的实现。

图 1-3　2016～2024 年全国电力市场交易规模

1.1.3.4　多层次统一电力市场体系层面

目前，我国多层次统一电力市场体系已初具雏形，市场决定电力价格的机制初步形成，市场在资源优化配置中的决定性作用逐步显现。我国电力市场体系结构逐步完善，已初步形成在空间范围上覆盖省间、省内，在时间周期上覆盖多年、年度、月度、月内的中长期交易及日前、日内现货交易，在交易标的上覆盖电能量、辅助服务、合同、可再生能源消纳权重等交易品种的全市场体系结构。同时，为促进清洁能源发展，开展清洁能源替代交易、绿色电力交易、绿色电力证书交易等市场化交易品种。目前省间、省内中长期市场已较为完善并常态化运行。

1.2　新型电力系统低碳转型面临的挑战

1.2.1　新能源参与市场缺乏顶层设计

目前，我国新能源迈入关键阶段的价格由市场形成。新能源参与市场化交易的方式主要分为省间交易、省内交易和绿电交易三类。其中，省间交易指新能源参与省间中长期交易和现货交易，以中长期交易为主。有纯新能源外送、新能源与常规能源打捆外送交易两类。交易价格普遍低于送出省燃煤基准电价和燃煤市场化交易电价，主要因为有政府补贴托底，新能源企业基于综合收益去竞争电量争取多消纳。省内新能源交易主要为新能源与电力用户直接交易，新能源单独参与或与常规能源配比参与，由于政府补贴托底，交易价格普遍低于本省燃煤基准电价和市场化交易电价，符合地方政府降电价的需求。此外，部分现货试点省份新能源按照一定电量比例参与省内现货市场，其余保障收购电量按照差价合约方式处理。绿电交易主要为平价新能源项目与希望获得绿色权益的企业直接交易，绿电交易价格涵盖电能量价值和环境价值两类。

2025年2月，《国家发展改革委国家能源局关于深化新能源上网电价市场化改革促进新能源高质量发展的通知》（发改价格〔2025〕136号）就深化新能源上网电价市场化改革提出了一系列政策措施。虽然新能源参与市场交易的模式、方法已逐渐清晰，国家层面在推进全国电力统一市场体系建设中也力推新能源参与市场交易，但在交易机制、价格机制等方面还存在一定的现实挑战，主要在于新能源发电特性难以适应现有市场机制。新能源发电的随机性、间歇性、波动性特点使得新能源在参与中长期市场时的曲线管理能力较差，在签订中长期合同时常面临偏差考核风险，较难同常规电力一样利用中长期合同稳定收益，继续沿用传统的年度、月度中长期交易方式易使新能源偏差考核成本显著提升。新能源发电边际成本低的特点使得新能源在参与现货市场时不仅挤占常规电源的电量空间，还容易整体拉低现货交易价格，进而影响中长期交易价格，使得常规电源及新能源自身的容量成本回收受阻。

1.2.2　新型电力系统低碳转型面临成本挑战

在能源转型、"双碳"任务以及新型电力系统建设等多重目标的叠加下，加快开发和利用风电、光伏等新能源已成为世界各国的普遍共识，电力系统将向更安全、更低碳、更经济的方向发展。

以某省为例，在国家大力发展新能源的政策推动下，其新能源发展势头强劲。作为能源生产和消费大省，能源结构长期以煤为主，加快新能源发展、推动能源清洁低碳转型是促进全省碳达峰、碳中和的关键举措，对支撑全省经济社会发展全面绿色转型意义重大。

然而实现电力系统的安全、低碳、经济转型，带来整个产业链成本上升。一方面，构建新能源占比稳步提升的能源供给形态，新能源将大规模发展、高比例接入。风光为代表的新能源具有较强的随机性和反调峰特性，给电网的安全稳定运行带来了一系列挑战，使得电力系统面临灵活资源短缺等问题，仅靠常规电源调节能力将难以满足电力安全稳定的供应要求。因此需要投资更多火电机组、水电和蓄能电站、需求响应、负荷聚合商、虚拟电厂等更多灵活性调节资源协同参与提供功率支撑，保障电力系统的完全稳定。另一方面，新能源装机规模的快速增加，也旋即带来了严重的新能源消纳问题，为保证新能源的消纳，减少弃风弃光现象，需要投入更多的消纳成本。研究有关测算表明，当新能源电量渗透率超过 10% 后，整个电力系统的成本将进入快速增长临界点，新能源场站成本的下降也难以完全对冲消纳新能源而上升的系统成本。

新能源的大规模并网，为实现更稳定、安全的电力系统需要付出一定代价，造成系统低碳转型成本增加，亟须通过科学、合理的机制，有效的疏导渠道实现系统低碳转型成本的疏导，将转型成本在各方主体之间进行分摊，实现电力行业平稳、可持续低碳转型。

1.2.3 系统灵活性调节能力需要进一步提升

"双碳"目标下，随着新能源的大规模接入和电力电子设备的广泛应用，电力系统的运行特性正在经历显著变化，电力供应的波动性增加，系统调节能力要求不断提高。同时，外部环境的不确定性，如极端天气事件和自然灾害的频繁发生，进一步增加了故障发生的风险。这些因素共同作用，使得电力系统面临"黑天鹅"事件和"灰犀牛"事件的风险增加。

为了应对这些挑战，电力系统需要加强风险管理和应急响应能力，通过技术创新、系统优化和管理策略的改进，来提高系统的适应性和抗风险能力。包括提高系统的灵活性和调节能力，加强电网基础设施的建设和维护，以及发展更为先进的预测和监控技术。重视电力系统的气候韧性，确保电力供给的安全性和可持续性，更好地保障经济社会的高质量发展和民生改善。

为满足新型电力系统转型需求，电源侧、电网侧、用户侧需要协同发力。电源侧、电网侧的"做加法式"相关措施成本高、周期长，相比较而言，加强需求侧管理在建设周期、响应速度和成本效益方面具有突出优势，可以成为提高电力系统韧性的有效手段。在新能源上网规模不断扩大的当下，进一步发掘需求响应资源潜力，提高系统灵活调节能力对于维护系统的安全性、可靠性，提高整体经济效率至关重要。

1.2.4　电－碳－绿证市场之间关联性较低

目前，我国绿电市场、碳市场、绿证市场相对独立，管理方式与交易模式不同，市场之间的关联性较低。从三个市场建设的目的来看，绿电、绿证市场建设的主要目的在于引导电力用户为可再生能源消纳作出贡献，增强经营主体参与可再生能源建设意愿；碳市场则是将控排责任压实到企业，并利用交易机制激励主体参与碳减排，以达到较低成本实现特定减排目标的目的，其中，结合中国核证自愿减排量（China Certified Emission Reduction，CCER）减排机制的推出，进一步鼓励新的低碳技术应用，提供额外收益模式以提升其项目投资的可行性。从三个市场交互过程来看，一是双市场并行情况下的证电关系失配。由于绿电市场和绿证市场对于"证－电"合一与分离存在明显差异，在绿电交易中，"证电合一"的方式只针对能够参与绿电交易的风、光发电量。在绿证市场中，多数绿证依靠"证电分离"模式体现，这种差异导致两市场并行情况下，存在发电主体覆盖范围不一致、绿证环境价值认可度不足等问题；二是绿电交易市场化机制问题。受送出送入通道有限、各地政策支持参差不齐影响，绿电跨区交易更复杂，成本更高，在非特定需求下，用户更倾向于购买本地绿电，促使国内绿电交易市场形成严重的供需错配；三是环境价值重复计算问题。当前，针对过去已申报 CCER 市场的发电并网项目，可能同时申请绿证与 CCER 的问题，尽管最新的绿证与 CCER 政策均强调了唯一性，但最新的《温室气体自愿减排交易管理办法（试行）》方法学是否对此进行明确尚不确定，绿证与 CCER 之间的制度边界尚不明朗；四是绿电零碳价值属性未得到充分认可。当前绿电的碳减排属性未纳入碳市场核算，导致绿证/绿电难以作为商品直接参与碳市场的运行。

1.3　新形势下电力市场建设的新要求

1.3.1　新能源参与市场的交易机制与配套机制待细化落实

目前，我国新能源参与市场的交易机制与配套机制仍需细化落实，主要可从以下两点进行完善：

1. 可再生能源出力特性需要适应现有的市场机制

一是可再生能源需要适应现有的中长期市场运行机制。一方面，受到新能源出力波动性较强的影响，可再生能源的远期预测能力较弱，难以精确确定出力曲线以"分时段"地参加中长期交易。另一方面，受到现有中长期交易机制的局限，可再生能源不容易通过市场手段弥补电力偏差，面临较大的偏差费用风险。这种现况抑制了可再生能源参与中长期市场的意愿。

二是可再生能源需要适应现货市场机制，导致难以回收成本。当前，中国的可再生机组大发的时间较为集中，在特定的时段（如午后）会同时发出大量的出电能，这种特定时段集中发电的特性，会导致新能源参与现货交易后，出清价格大幅度下降，并进一步拉低中长期交易价格，最终影响各类电源的成本回收。

2. 现有的价格机制需要充分体现可再生能源的成本特性

一是新能源发电全面参与市场价格需要加速落实。长期以来，我国新能源上网电价实行固定电价模式，未能充分反映出市场供需情况，导致部分地区电价过低，甚至一度出现负电价现象，需要激发企业积极性和市场潜力。新能源与传统能源同台竞争将推动形成更加公平开放的市场环境，提升行业整体效率，使电力调节成本分摊更加合理。既能保障已有项目的收益，又能促进新项目充分参与竞争，避免了"一刀切"可能带来的混乱局面。

二是现有的价格机制需要体现新能源出力的环境价值。当前，适用于反映可再生能源绿色价值的配套政策暂未完善，需要尽早完善绿色电力交易体系，充分考虑消纳责任权重，通过绿色电力证书交易（以下简称"绿证交易"）与绿电交易两种市场模式，激发新能源出力的环境价值。

1.3.2 低碳转型的成本疏导机制与方式有待完善

新能源的大规模并网和电能消费模式的变化给电力市场运行引入了许多的不确定性，市场机制需要进一步改革完善变得更加灵活，随着电力市场体制改革进入"深水区"，深层次矛盾不断凸显，电力市场不充分不协调不平衡问题较为突出。进入新发展阶段，落实"双碳"战略目标，解决电力转型发展中遇到的瓶颈和顽疾，关键还要靠体制机制创新。

目前许多电力市场经营主体同时参与电力市场交易与碳市场交易，例如高比例新能源接入将导致电力系统成本上升，新能源发电量渗透率超过 15% 以后，系统成本将进入快速增长的临界点，社会整体供电成本上升，需要通过电力市场、碳市场等多种政策与市场工具为转型的平稳落地提供保障。电力市场与碳市场之间存在着极强的关联性，但电力市场与碳市场的各种机制尚不完善，需要加强政策的干预、引导和规范，构建电力市场与碳市场协同发展的模型框架、设计统一规则。

1.3.3 需求侧可调资源参与市场相关机制亟须优化

需求响应资源参与电力市场的相关机制与市场所处的建设阶段以及区域负荷特征密切相关。随着地区经济的发展以及电力市场的完善，需求侧资源参与市场的方式将发生较大的变化：配售电业务创新与通信等技术的进步推动了聚合商与虚拟电厂等新兴经营主体的产生，需求侧与市场之间的交互方式将产生巨大变化。不同的市场阶段对应的需求侧资源利用方式以及调节效果将呈现阶段性的变化。市场机制也应相应调整，充分挖掘需求侧资源的调节潜力，为系统提供优质调节资源，助力区域新能源高质量发展。

尽管国家层面已经出台了《电力需求侧管理办法（2023 年版）》（发改运行规〔2023〕1283 号），但针对需求响应的具体规划、市场参与机制、技术标准等方面的要求仍不够详细，亟须进一步细化和强化。目前，需求侧响应在成本分摊上缺乏合理的机制，补贴资金来源主要依赖政府，且受限于资金规模，需求响应难以实现规模化和常态化发展。需求响应目前仍以政府邀约的形式开展，只作为保供电的最后一个手段使用，入市标准、计量与结算等相关机制的缺失导致用户侧资源依然缺乏常规的入市途径。

此外由于缺乏有效的激励机制和市场意识，用户参与需求侧响应的积极性不高，主要依赖政府的行政命令和少量的补贴政策。需求响应市场仍处于起步阶段，资源获利途径单一，用户缺乏多样化的收益来源。现行的需求响应价格机制尚未完全市场化，缺乏动态的价格信号，无法有效激励用户根据市场情况进行负荷调整。需要通过政策引导和市场化激励机制，调动用户的积极性，使其主动参与需求响应市场。

1.3.4　电－碳－绿证市场协同发展机制亟待探索

电－碳－绿证市场是我国当前推进能源绿色低碳转型和"双碳"目标实现的三个主要市场，三市场的协同发展具有必要性。此外，从当前全国范围的建设情况而言，三市场发展也具备一定协同运作的现实条件。因此，亟须提出推进电－碳－绿证市场协同的政策建议，推动能源低碳转型。一方面，亟须加快各市场规则建设、推动电－碳－绿证市场协同发展。针对绿色电力市场，经营主体范围规模较小，部分可再生能源主体、新兴主体未能参与到绿电交易中；针对碳市场，碳排放权交易的行业覆盖范围不足，石化、钢铁、建材等高耗能行业未被纳入交易主体，市场活跃度不够；针对绿证市场，用户市场决策过于谨慎，用户的绿证购买需求量较少，未能有效促进市场长期发展和提高活跃度。总之，电－碳－绿证市场建设呈现"牵一发而动全身"的特点，为避免市场建设"头重脚轻"，需要加速推进各市场的市场化建设，完善相关市场规则。另一方面，亟须强化绿证的绿色电力消费标识功能，《关于做好可再生能源绿色电力证书全覆盖工作促进可再生能源电力消费的通知》（发改能源〔2023〕1044号）强调指出绿证是可再生能源电力消费的唯一凭证，此外，政府工作报告也强调要强化绿证的绿色电力消费属性标识功能。因此，在标识功能的政策建议上，不仅需要提升发挥电力数据、绿证数据等对碳核查计量的支撑作用，还需要加速研究制定绿证、碳排放权配额、CCER 等产品体系间的互认联通。

1.4 本 章 小 结

市场是资源配置的重要手段，面向未来新型电力系统建设下新能源大规模高质量发展的必然趋势，研究促进新型电力系统低碳转型的市场机制具有重要意义。

本章首先从我国电力体制改革历程、电力现货市场建设、全国统一电力市场建设 3 个方面梳理了当前我国电力市场建设基本情况；接下来，梳理了新型电力系统低碳转型面临的四大挑战，包括新能源参与市场机制缺失、新型电力系统低碳转型面临成本挑战、系统灵活性调节能力需要进一步提升、电－碳－绿证市场之间关联性较低；最后，提出新型电力系统低碳转型对电力市场建设的 4 大新要求，即新能源参与市场的交易机制与配套机制亟须确立、低碳转型的成本疏导机制与方式有待完善、需求侧可调资源参与市场相关机制亟须优化、电－碳－绿证市场协同发展机制亟待探索。

参考文献

[1] 张利. 电力市场概论 [M]. 北京：机械工业出版社，2014.

[2] 王鹏. 电力市场主体艰辛培育 40 年，2018.

[3] 王雁凌. 电力市场基础 [EB/OL]. https://max.book118.com/html/2021/0828/8132072054003141.shtm.

[4] 《全国统一电力市场发展规划蓝皮书》编写组. 全国统一电力市场发展规划蓝皮书（征求意见稿）[M]. 2024.

[5] 8 个电力现货试点连续结算试运行进展情况 [EB/OL]. https://www.163.com/dy/article/FMR1L4SF05509P99.html.

[6] 2024 新能源发电装机规模将超煤电，市场如何解"新"题 [EB/OL]. https://www.escn.com.cn/20240328/986ce03362ed47d1803e8034e4e893b9/c.html.

2

促进新能源消纳的电力市场交易机制

2.1 国内外新能源参与电力市场的实践

2.1.1 国际促进新能源入市的经验做法

针对现阶段新能源参与市场化交易所面临的现实问题，本节重点探讨德国和美国两个具有代表性的国家在推进新能源发展方面的实践经验。

1. 德国

德国是欧洲乃至全球倡导能源转型最积极的国家。近年来，在气候变化、能源安全和反核运动的综合推动下，德国能源绿色低碳转型进程进一步加速。2020 年，德国可再生能源发电量占比达到 49.3%，大幅超出原定的"可再生能源占比达 35%"的目标。在新能源装机方面，2012 年德国新能源装机量位列全球第二，约 7000 万 kW；2021 年降至全球第三，约 13300万 kW 瓦。其中，德国 2021 年光伏装机为 5870 万 kW，分布式光伏占比达 80%。2022 年 12 月，欧盟委员会批准了德国政府对《可再生能源法》的修订，以及总预算约为 280 亿欧元的支持计划，旨在实现德国 2030 年可再生能源发电占比达到 80%、2045 年实现碳中和的发展目标。德国作为全球推广分布式光伏发电最成功的国家之一，在此将主要分析德国在分布式新能源参与电力市场方面的经验：

（1）机制设计情况。德国的《可再生能源法》（Erneuerbare Energien Gesetz, EEG）是推动可再生能源市场参与的主要法律工具，通过提供市场溢价（市场奖励机制），鼓励可再生能源的直接市场销售。自 2014 年起，EEG引入了在负电价时段减少对新安装设施的财政支持措施，以加强对所有可再生能源的需求导向。为支持分布式光伏发展，德国在价格补贴、市场机制、商业模式、土地利用等方面提供了诸多有益经验，如下：

① 价格支持政策。德国政府为分布式能源发展提供长期、稳定的价格支持，先后实施固定上网电价补贴（Feed in Tariff, FIT）、溢价补贴（Feed in Premium, FIP）、可再生能源发电招投标机制等激励政策，有效促进了分布式能源快速发展。自 1990 年起，德国政府长期为户用光伏提供稳定的资金补贴支持；2000 年，形成了以固定上网电价为主的可再生能源激励机制，以长周期（最长 20 年）补贴机制推动德国光伏产业长足发展；2009 年起，德国政府鼓励用户发电自用，对自用电量进行补贴；2013 年，为支持光伏储能项目建设，德国政府出台了光伏储能补贴政策，为储能设备提供投资额 30% 的补贴。此外，德国允许通过低息贷款、现金补助等方式支持户用光伏配储，为分布式光伏电站提供更多融资渠道。

② 创新调度运行模式。出力管理方面，德国《可再生能源法》规定，在未完成电网扩建之前，或者出现电网过载、频率异常等情况下，在为保证电网安全运行，电网运营商可以主动调控可再生能源发电出力，对于限电造成的发电损失，给予项目业主相应补偿并由全体用户分摊。供需平衡方面，建立平衡责任单元机制，将全国划分为 1.1 万个平衡责任单元，每个单元内包含同一调度区域的数个发电企业、电力用户，通过不断的电力交易来减少平衡单元内成员的预测偏差，实现负荷和出力的内部平衡。此外，精准负荷预测和平衡单元的偏差管理水平，直接影响平衡单元电网运营商的盈利水平。运行方式调整方面，当出现供需调整或个别线路产生的再调度需求时，被调机组发电容量从 10MW 降低至 100kW，大幅提高了德国电网再调度机组的可用容量，被调机组会获得一定补偿。

③ 加强主配网建设，优化新能源并网管理。跨区联网方面，德国注重与法国、荷兰、丹麦和捷克等周边多国电网联网，拥有近 60 条 220kV 电压等级以上的跨国输电线路，对外最大交换能力约 1730 万 kW。配网方面，通过增加导线截面积、新建线路、变压器增容等技术措施服务新能源发展，新增控制设备、系统结构调整也是重要的技术策略。新能源并网细则制定方面，

能源项目运营商必须向联邦网络局上报安装位置和设备功率等详细信息，以确保补贴和接入的合规，当电网扩建费用超过发电本体建设费用的 25% 时，电网企业可拒绝新能源项目并网。分布式并网方面，要求分布式光伏必须具备遥调、遥测、遥控能力，并鼓励分布式光伏增加电压和频率控制、移峰填谷等方面的技术条件。

④ 商业模式创新支持政策。分布式能源单体容量小、数量多、布点分散，出力间歇性、波动性、随机性显著，虽具有灵活性潜力，但难以直接为系统提供调节服务。为促进分布式能源高效消纳，德国基于以平衡结算单元为核心的市场模式，充分发挥虚拟电厂的作用，为提升系统灵活性、优化分布式能源发电管理提供解决方案。在德国，参与虚拟电厂的主体包括连接到配电网或终端用户附近的中小型分布式能源，以分布式发电为主，也包括需求侧资源、储能等。虚拟电厂通过整合气象预测数据、负荷数据等，进行出力功率预测、负荷预测并开展智能决策，将独立的分布式能源资源捆绑到发电资产组合中，通过中央信息技术系统实现对分布式能源的有效聚合和集中调控。当前，德国虚拟电厂的商业模式已经较为成熟，以德国最大的虚拟电厂运营商—— Next Kraftwerke 为例，其盈利渠道包括向可再生能源发电企业提供出力监测等服务、向电网侧提供调峰或调频服务、实施需求响应以获取收益等。

⑤ 土地利用支持政策。德国致力于为分布式光伏项目建设争取足够的土地资源。2022 年，德国联邦经济和气候保护部（Bundesministerium für Wirtschaft und Klimaschutz，BMWK）公布专项支持计划以推动可再生能源发展，提出利用农用土地和农用沼泽地发展光伏发电。比如，优先考虑利用封闭或被污染的空地（如某些工业和军事用地以及高速公路和轨道路基两侧的小块闲置土地）来安装光伏发电设施；鼓励在农用土地上安装农地光伏设备，在确保生态环境不受损害的前提下，使农业用地在发挥农耕作用的同时也可以用来发电，实现"一地两用"；将部分农用沼泽地纳入建设光伏发电的用地范畴等。

⑥ 适应新能源的市场体系和价格机制支持政策。

参与市场方面，2012年起，德国陆续规定各类新增新能源电量必须全部进入电力市场，在电力市场价格的基础上，给新能源发电一部分市场溢价补贴。市场机制方面，德国坚持并持续完善了电力市场中的自由定价机制，允许超高电价与负电价的出现，此外，德国还不断丰富现货市场交易品种、缩短现货市场交易时序，特别是加强15min级市场的建设。需求侧管理方面，德国需求侧可调容量占最大负荷的比重超过13%，可控负荷占比1.6%。为利用好负荷调节资源，德国允许可控负荷直接参与系统实时平衡调节，并设计了相关市场机制。电价机制方面，按照"谁受益、谁承担"原则，并考虑经济、环保等价值，德国建立了限电损失费用、系统建设费用等新增成本向包括居民在内的全社会用户的分摊机制，保障各类主体经济收益。2012～2021年，德国电网费和可再生能源附加费分别增长了27%、81%，构成了家庭电价增量的73%。

（2）市场运行情况。目前，分布式新能源在市场中的参与机制运行良好，显著推动了新能源的进步。在众多新能源形式中，德国将发展分布式能源作为促进能源转型的重点布局方向，尤其是分布式光伏。德国政府自2009年起鼓励用户安装光伏发电系统实现自发自用，到2017年，德国已有1/3的家庭在房顶上安装太阳能电池板。近年来，受俄乌冲突等地缘政治因素影响，全球能源市场价格波动加剧，欧洲国家电价大幅上涨，终端用户对保持用电成本长期稳定、实现用能自给自足等提出更高诉求，驱动分布式光伏产业迅猛发展。2019～2023年，德国户用光伏储能系统安装量增长了5倍，独立户用光伏系统安装量增长了4倍；截至2024年12月底，德国光伏累计总装机容量达到100.8GW，仅2024年便增加了16.73GW。

2. 美国

美国在推进可再生能源发展方面已进行了积极探索。得益于美国各州政府的积极推动和多种市场参与者的踊跃参与，美国已发展出一个既包括强制性市场也包括自愿性交易的清洁能源接纳体系，其采购方式灵活多样。当前，在美国的新能源市场中，分布式能源和集中式能源并没有明显的区分，两者共同参与到电力市场。

（1）机制设计情况。可再生能源参与的市场主要有强制的配额制（Renewable Portfolio Standard，RPS）市场和自愿交易市场。RPS 是各州政府依据配额制相关法律法规建立的，目的是帮助承担配额义务的责任主体实现可再生能源配额目标，是一种基于电量的激励措施。

政府对能源生产实行强制性的具有法律效力的数量规定，要求电力供应企业在规定日期之前按照不低于电力供给的某一比例提供可再生能源电量，该电量可来自自我生产，但更多的是来自市场购买，因而为可再生能源的出让配额构造了一个卖方市场。配额制体系常包括绿色证书（Renewable Energy Certificates，RECs）交易环节，因此也被称为绿色证书制。

目前美国已有 29 个州、华盛顿哥伦比亚特区和 3 个领地实施了配额制，责任主体的数量占美国全部电力零售商的 56%；另有 8 个州和 1 个领地提出了非强制的可再生能源目标。自愿市场为有意愿采购绿电的消费者提供灵活多样的采购渠道，帮助企业履行可持续发展的社会责任，实现绿色发展的目标。

在管制市场，绿电采购方主要通过公用事业绿色定价（utility green pricing）和公用事业绿色电费（utility green tariffs）两种途径采购绿电；在半管制市场，绿电采购方主要通过竞价市场采购绿电；在放松管制市场，长期自愿购电协议（Power Purchase Agreement，PPA）是最常用的一种绿电采购方式。PPA 有两种基本形式：一种是实体长期自愿购电协议（Physical PPA）。发电商与采购方签订绿电（包括绿证）购电协议，合同期限通常长达十至二十年；合同对项目开始的时间、电力输送时间计划、输电不足的罚款、支付方式，以及合作终止期等条款作了明确的规定。发电商与采购方必须在同一个绿电市场，以便实现实体电力输送。另一种购电协议是虚拟长期购电协议（Virtual PPA），类似于差价合约。该协议下，发电商向批发市场出售电力，用户仍从原电力或电网企业购买电力并支付电费。当批发市场的电价低于虚拟协议中约定的价格时，购电方需要向发电商支付差价。反之，当批发市场的电价高于虚拟协议中约定的价格时，发电商需要向购电方支付差价。这种方式可以有效避免市场价格的波动，而且由于不涉及实体电力的输送，采购方不需要与发电商位于同一个绿电市场。

总体来说，可再生能源可通过两种方式参与电力市场：一是由售电公司与可再生能源场站签订长期 PPA，代理可再生能源发电参与电力市场。在可再生能源配额制的要求下，作为配额承担主体的售电公司有签订长期 PPA 的积极性，打捆购买可再生能源电量连同对应的绿证；在电力批发市场中，同样由售电公司竞价出售可再生能源发电。二是可再生能源直接参与电力市场，并通过签订金融合约等方式规避市场风险。

（2）市场运行情况。在美国，可再生能源通过长期购电协议和直接市场参与两种机制参与电力市场，这些机制的运行效果体现在市场规模的增长、价格竞争力的提升、有效的市场波动与风险管理、配额制度的促进作用以及绿色证书市场的发展等多个方面：

发电规模增长：美国能源署的数据显示，2022 年，美国公用事业的规模发电设施产生了约 4.24 万亿 kWh 的电力。其中天然气仍然是发电的主要能源，其份额从上一年的 37% 增加到 40%；可再生能源在总发电量中的份额从 2021 年的 19% 增加到 22%。其中风能和太阳能发电占 14%，其他可再生能源发电占 8%；煤炭发电的份额从 23% 减少到 20%，核能从 20% 减少到 18%，这一结果主要是由于美国发电中煤炭使用量大幅减少以及风能和太阳能使用量稳步增加。而风能和太阳能发电装机容量的增长，进一步推动了风能和太阳能发电量的增加。《世界能源统计年鉴 2024》数据显示，美国 2023 年风电装机容量达 148.02GW，同比增长 4.5%，位居世界第二，2013～2023 年均增速达 9.4%，风力发电量为 429.5TWh，2013～2023 年均增速达 9.7%。2023 年光伏装机容量为 139.21GW，同比增长 21.7%，2013～2023 年均增速达 9.4%，光伏发电量为 240.5TWh。美国的风电和光伏装机在过去几年中已经呈现出了迅猛的增长势头，其在能源体系中所占比例也在逐步增长。这一增长部分得益于 PPA 和直接市场参与的促进。

价格竞争力提升：根据相关机构报告，从 2010～2020 年，全球太阳能光伏的平均成本下降了 82%，风能成本下降了 39%。美国的这一趋势也非常明显，在过去的十年中，风能的平均标准化成本下降了 70%，而太阳能的平均标准成本下降了 90%，可再生能源的价格竞争力显著提升，促进了这些技术的市场竞争力提升。

市场波动与风险管理：通过固定收益合约（如虚拟 PPA），可再生能源项目能够锁定未来一段时间内的电价，有效地管理价格波动带来的风险。这种风险管理策略的应用越来越广泛，表明市场参与者正在有效利用金融衍生工具来规避风险。

绿色证书市场的发展：绿色证书的价格和交易量是衡量市场运行情况的重要指标。近年来，美国可再生能源证书系统（Renewable Energy Certificates，RECs）的数据显示，RECs 的价格呈现出上升趋势，反映了对可再生能源的高需求以及供应商通过绿色证书获取额外收入的能力。

可以看到，通过 PPA 和直接市场参与这两种机制，美国的可再生能源市场不仅在规模上实现了快速增长，而且在市场竞争力、风险管理以及政策驱动等方面表现出了良好的运行效果，为可再生能源的持续发展和市场融入提供了重要的支持。

得克萨斯州于 2012 年就达到了其 2025 年的可再生能源配额制目标，而后清洁能源依然呈快速发展态势，部分清洁能源项目很难找到售电公司与其签订长期购电协议，只得直接参与电力市场售电。此外，近年来 PPA 价格的连续下降是可再生能源直接参与电力市场的主要考虑因素之一。直接参与电力市场的情况下，可再生能源为规避现货市场风险，往往采用与金融类公司签订中长期金融协议或者与金融公司、大型科技企业等非售电公司签订虚拟购电协议方式规避市场风险。

2.1.2　我国促进新能源参与电力市场的政策法规梳理

自 2015 年的中发〔2015〕9 号文以来，我国出台了一系列政策推动新能源逐步参与市场：

2015 年，在中发〔2015〕9 号文的基础上，国家发展改革委出台《关于推进电力市场建设的实施意见》（发改经体〔2015〕2752 号），鼓励可再生能源参与电力市场，鼓励跨省跨区消纳可再生能源。积极发展用户侧的分布式电源，建立分布式光伏参与市场竞争的价格机制和市场机制。

2018 年 10 月国家发展改革委、国家能源局两部门印发《清洁能源消纳行动计划（2018—2020 年）》（发改能源规〔2018〕1575 号），要求进一步降低新能源开发成本，制定逐年补贴退坡计划，加快推进风电、光伏发电平价上网进程。鼓励清洁能源发电参与现货市场，并向区外清洁能源主体同步开放市场。

随着新能源装机容量的急剧增加，传统的"全额保障性收购"模式逐渐无法满足市场需求。为此，国家发展改革委和国家能源局于 2021 年 4 月发布的《关于进一步做好电力现货市场建设试点工作的通知》（发改办体改〔2021〕339 号），提出将引导新能源项目的 10% 预计当期电量通过市场化交易竞争上网，其中市场化交易部分可不计入全生命周期保障收购小时数。同年 6 月国家发展改革委发布《关于 2021 年新能源上网电价政策有关事项的通知》（发改价格〔2021〕833 号）明确自 2021 年起，对新备案集中式光伏电站、工商业分布式光伏项目和新核准陆上风电项目实行平价上网，同时鼓励新建项目通过参与市场化交易形成上网电价。

2022 年 1 月《关于加快建设全国统一电力市场体系的指导意见》（发改体改〔2022〕118 号）指出有序推动新能源参与电力市场交易，鼓励新能源报量报价参与现货市场。持续推动开展绿色电力交易，构建主要由市场形成、能独立体现电能量价值和环境价值的新能源电价机制。

2022 年 5 月《关于促进新时代新能源高质量发展实施方案的通知》（国办函〔2022〕39 号）支持新能源项目与用户开展直接交易，鼓励签订长期购售电协议，电网企业应采取有效措施确保协议执行。在电力现货市场试点地区，鼓励新能源项目以差价合约形式参与电力市场交易。同月《关于进一步推动新型储能参与电力市场和调度运用的通知》（发改办运行〔2022〕475号）鼓励新能源场站和配建储能联合参与市场。

2022 年 12 月《关于做好 2023 年电力中长期合同签订履约工作的通知》（发改运行〔2022〕1861 号）提出完善与新能源发电特性相适应的中长期交易机制，满足新能源对合同电量、曲线的灵活调节需求，鼓励新能源高占比地区探索丰富新能源参与市场交易品种，不断完善新能源中长期合同市场化调整机制，丰富经营主体调整合同偏差手段。

2023 年 10 月《关于进一步加快电力现货市场建设工作的通知》（发改办体改〔2023〕813 号）要求加快放开各类电源参与电力现货市场。按照 2030 年新能源全面参与市场交易的时间节点，现货试点地区结合实际制定分步实施方案。分布式新能源装机占比较高的地区，推动分布式新能源上网电量参与市场，探索参与市场的有效机制。暂未参与所在地区现货市场的新能源发电主体，应视为价格接受者参与电力现货市场出清，可按原有价格机制进行结算，但须按照规则进行信息披露，并与其他经营主体共同按市场规则公平承担相应的不平衡费用。

2024 年 2 月《关于新形势下配电网高质量发展的指导意见》（发改能源〔2024〕187 号）明确分布式新能源、新型储能、电动汽车充电设施、微电网、虚拟电厂等新主体、新业态的市场准入、出清、结算标准，研究设计适宜的交易品种和交易规则，鼓励多样化资源平等参与市场交易。

2024 年 3 月《全额保障性收购可再生能源电量监管办法》（中华人民共和国国家发展和改革委员会第 15 号令）明确电网将不再承担可再生能源电量全额收购义务。可再生能源发电项目的上网电量由保障性收购电量和市场交易电量两部分组成。

2024 年 5 月《关于做好新能源消纳工作 保障新能源高质量发展的通知》（国能发电力〔2024〕44 号）提出发挥电力市场机制作用，加快建设与新能源特性相适应的电力市场机制，进一步推动新能源参与电力市场，不得限制跨省新能源交易，探索分布式新能源通过聚合代理等方式有序公平参与市场交易。

2024 年 10 月《关于大力实施可再生能源替代行动的指导意见》（发改能源〔2024〕1537 号）提出健全市场机制和价格机制，深化新能源上网电价市场化改革，建立和完善适应可再生能源特性的电力中长期、现货和辅助服务市场交易机制，支持可再生能源发电项目与用户开展直接交易及签订多年长期购售电协议；稳妥有序推动分布式新能源发电参与市场化交易，促进分布式新能源就近消纳。

2025 年 1 月《关于深化新能源上网电价市场化改革促进新能源高质量发展的通知》（发改价格〔2025〕136 号）提出推动新能源上网电价全面由市场形成，建立健全支持新能源高质量发展的制度机制。我国促进新能源参与电力市场相关政策见表 2-1。

表 2-1　　　　我国促进新能源参与电力市场相关政策

时间	名称	文号	相关内容	新能源类型
2015.11	关于推进电力市场建设的实施意见	发改经体〔2015〕2752 号	鼓励可再生能源跨省跨区参与电力市场；建立分布式光伏参与市场竞争的价格机制和市场机制	集中式、分布式
2018.10	关于印发《清洁能源消纳行动计划（2018—2020 年）》的通知	发改能源规〔2018〕1575 号	加快推进风电、光伏发电平价上网进程；鼓励清洁能源发电参与现货市场，并向区外清洁能源主体同步开放市场	集中式
2021.4	关于进一步做好电力现货市场建设试点工作的通知	发改办体改〔2021〕339 号	引导新能源项目的 10% 预计当期电量通过市场化交易竞争上网	集中式
2021.6	关于 2021 年新能源上网电价政策有关事项的通知	发改价格〔2021〕833 号	对新备案集中式光伏电站、工商业分布式光伏项目和新核准陆上风电项目实行平价上网，同时鼓励新建项目通过参与市场化交易形成上网电价	集中式
2022.1	关于加快建设全国统一电力市场体系的指导意见	发改体改〔2022〕118 号	鼓励新能源报量报价参与现货市场	集中式
2022.5	关于促进新时代新能源高质量发展实施方案的通知	国办函〔2022〕39 号	支持新能源项目与用户开展直接交易，鼓励签订长期购售电协议	集中式
2022.5	关于进一步推动新型储能参与电力市场和调度运用的通知	发改办运行〔2022〕475 号	鼓励新能源场站和配建储能联合参与市场	集中式
2022.12	关于做好 2023 年电力中长期合同签订履约工作的通知	发改运行〔2022〕1861 号	丰富新能源参与市场交易品种，完善新能源中长期合同市场化调整机制	集中式

时间	名称	文号	相关内容	新能源类型
2023.10	关于进一步加快电力现货市场建设工作的通知	发改办体改〔2023〕813 号	推动分布式新能源上网电量参与市场	分布式
2024.2	关于新形势下配电网高质量发展的指导意见	发改能源〔2024〕187 号	明确分布式新能源、新型储能、电动汽车等新主体、新业态的市场准入、出清、结算标准	分布式
2024.3	全额保障性收购可再生能源电量监管办法	中华人民共和国国家发展和改革委员会第 15 号令	明确电网将不再承担可再生能源电量全额收购义务	集中式
2024.5	关于做好新能源消纳工作 保障新能源高质量发展的通知	国能发电力〔2024〕44 号	加快电力现货市场建设，进一步推动新能源参与电力市场	集中式、分布式
2024.10	关于大力实施可再生能源替代行动的指导意见	发改能源〔2024〕1537 号	健全市场机制和价格机制	集中式、分布式
2025.1	关于深化新能源上网电价市场化改革 促进新能源高质量发展的通知	发改价格〔2025〕136 号	推动新能源上网电价全面由市场形成	集中式、分布式

2.1.3　国内试点省份实践现状

2.1.3.1　集中式新能源参与市场情况

1. 山西

截至 2023 年底，山西新能源（风电、太阳能发电、生物质发电）装机容量 6098 万 kW，占总装机容量的 45.8%。山西鼓励新能源保障性利用小时以外的电量通过参与市场交易的方式消纳，并且在新能源消纳困难时段优先安排市场交易电量多的场站发电。

山西省新能源参与现货方式为"报量不报价"，即新能源企业作为价格接受者参与市场交易。同时，允许新能源场站按年度自主选择以"报量报价"方式参与现货市场，未选择"报量报价"方式时，仍可按照"报量不报价"方式参与现货市场（备注："报量报价"待具备条件后实施）。平价、扶贫等未入市的新能源场站，可自愿选择参与市场，选择入市后，不得退市，并需同步参与中长期市场、现货市场、市场运营费用的分摊与返还。现货市场价格：暂定下限为 0 元 /MWh，暂定上限为 1500 元 /MWh。

新能源参与现货交易特点：

（1）实施"新能源优先"。在日前市场新能源申报发电预测曲线优先出清，新能源机组的超短期预测出力作为实时市场出清边界条件，优先安排发电。

（2）新能源场站在向调度机构申报功率预测曲线的基础上，还需向交易平台申报次日 96 点的交易曲线，将功率预测曲线申报与交易曲线申报解耦（待电力交易平台具备条件后实施）。

新能源参与中长期交易特点：

（1）新能源作为售电方可参与年度电力直接交易、月度电力直接交易、月内电力直接交易。作为受让方可参与年度发电权转让交易、月度合约转让交易、月内合约转让交易。

（2）新能源可通过年度合约分月调整、月内分日电量及曲线调整、发电侧市场月度、月内合约电量转让交易等方式调控新能源中长期合约电量与实际交割电量之间的偏差。

（3）中长期交易结果与弃限电序列相衔接。

（4）新能源参与外送电交易时，允许风电全天约定一条直线、光伏仅在白天约定一条直线的方式确定结算曲线，作为参与电力现货市场偏差结算的基准。

对优先发电电量的处理：电力调度机构按照"优先发电、优先安排"的原则，将各发电企业的优先发电电量等政府定价电量分解至日和时段；按照"以用定发"的匹配原则，将省内发电侧政府定价电量的 96 点曲线，以 15min 为周期，向选择保留政府定价电量的新能源企业分配。

省间现货市场参与方式：

（1）省内新能源发电企业依据日前省内现货市场的预出清结果，参照自身各时段的富余发电能力，自愿参与省间现货市场。鼓励新能源企业在消纳困难时，积极申报参与省间现货市场。

（2）新能源企业参与跨区电力现货市场仍消纳困难时，继续参与华北跨省调峰市场。

2. 山东

2023 年，山东新能源和可再生能源发电装机占比达到 44.4%，装机规模达到 9395.8 万 kW。

山东新能源参与现货方式为"报量报价"。参与中长期交易的新能源电站全电量参与现货市场；未参与中长期交易的新能源电站预测出力的 10% 参与现货市场出清。现货市场价格：申报价格区间为 −80 ～ 1300 元 /MWh，出清价格区间为 −100 ～ 1500 元 /MWh。

新能源现货交易特点：

（1）新能源电站申报的运行日短期预测出力和超短期预测出力的 10% 参与现货市场出清，并按优先发电次序享有同等条件下优先出清权，新能源日前市场总出清曲线（由日前市场出清曲线及 90% 预测出力曲线叠加而成）与 90% 实际发电曲线的偏差部分按照日前市场价格结算，实际发电曲线与日前市场总出清曲线的偏差部分按照实时市场价格结算。

（2）为推动新能源参与现货市场，支持新能源项目与配套建设储能联合作为发电主体参与电力市场交易，鼓励以新能源为主体的多能互补、源网荷储、微电网等综合项目作为整体参与市场。

新能源参与中长期交易特点：除扶贫光伏外，集中式新能源电站按自愿原则参与中长期交易。签订市场交易合同的新能源场站在电网调峰困难时段优先消纳。

3. 广东

2022 年 12 月 24 日，广东彩石滩、壁青湾、下海北三家海上风电企业参与现货结算试运行，新能源发电首次参与南方（以广东起步）电力现货市场交易。广东电网披露，2023 年一季度，广东新能源参与电力现货市场交易电量约 5600 万 kWh。截至 2024 年 4 月，广东省新能源装机容量为 5016 万 kW，约占总装机 27%。

广东省新能源参与现货方式为"报量报价"。现阶段试点选择省内 220kV

及以上电压等级的中调调管的风电、光伏发电企业参与电力现货市场交易。现货市场价格为电能量报价上限取燃煤机组统一报价上限，实行分类型设置燃煤机组报价上限后，取沿海 100 万 kW 燃煤机组报价上限。

新能源现货交易特点：

（1）新能源发电主体按照"基数电量＋现货偏差结算"的机制全电量参与市场，现阶段，新能源发电企业按照实际上网电量的一定比例（目前为90%）确定分时基数合约电量，不直接参与中长期市场化交易。新能源发电企业的基数结算电量等于基数合约电量，按照不含补贴的批复上网电价执行。

（2）对新能源经营主体的短期功率预测和超短期功率预测进行偏差考核。新能源经营主体暂不计算系统运行补偿费用。

4. 甘肃

新能源参与现货方式为"报量报价"，新能源特许权场站、分布式及扶贫光伏等政策允许的特殊发电项目依据其预测发电能力优先出清，不参与市场结算。现货市场价格为 40 ～ 650 元 /MWh。

新能源参与现货交易特点：

（1）允许新能源在实时市场实时修正超短期预测和发电能力，确保电力现货市场按新能源最新预测出清发电计划。

（2）开展新能源"辅助调频"等交易模式和控制手段，每分钟动态调整发电指令。

新能源参与中长期交易特点：

（1）发电企业签订的月度中长期合约（含优先发电）不应低于或超出其月度实际上网电量的一定比例（水电 95% ～ 105%，其余电源 70% ～ 130%）。

（2）按照年度、月度、周、D+3 日滚动交易连续开市，通过不间断开市机制满足新能源企业短期预测、灵活调整的交易需求。

（3）新能源可参与电力直接交易、合同电量转让交易、自备电厂向新能源发电权转让交易、集中撮合、辅助服务补偿交易等交易品种。

对优先发电电量的处理：省内优先发电按"以用定发""分月平衡"原则，曲线采用典型曲线方式确定。当优先发电电量超过优先用电电量时，将优先发电计划分为"保量保价"和"保量竞价"两部分，其中保量竞价部分通过市场化方式形成价格。

省间现货市场参与方式：在日前现货市场出清结果基础上，省内发电企业剩余发电能力可参加省间现货市场交易。在省间现货市场交易出清后，仍存在富余新能源时，参与西北区域跨省调峰辅助服务市场，并将其出清结果作为日前省内电力现货市场的边界条件。

2.1.3.2 分布式新能源参与市场情况

1. 山西

2022 年 6 月，山西能源局印发《虚拟电厂建设与运营管理实施方案》（晋能源规〔2022〕1 号），该方案提出：以市场机制为依托，以技术革新为动力，加快推进虚拟电厂建设，扩大需求侧（储能）响应规模，提升我省新能源消纳及需求响应能力。新能源、用户及配套储能项目通过虚拟电厂一体化聚合，作为独立市场主体参与电力市场，原则上不占用系统调峰能力，具备自主调峰、调节能力，并可以为公共电网提供调节服务。

2. 山东

山东持续探索分布式台区配储和云储聚合的方式来促进新能源消纳。其中"台区配储"，是指将储能配在台区的变压器低压侧，同时装上独立电表，与电网约定，电站不接受电网调度，而是就近将同一台区的户用光伏白天谷段的过剩电量存储起来，在晚上光伏发电不足的用电负荷高峰时段放电至电网，放电电价暂时参照燃煤电价的标准，该类项目在山东德州已实现率先落地应用。分布式台区配储既可提升分布式光伏就近消纳的能力，同时也可解决配电低压支线方向重过载和用户过电压的问题，实现台区的弹性增容。

而"云储聚合"就是将大量的分布式储能通过聚合商搭建的云平台，聚合为"云储能"，接入电网调度系统，解决光伏低压密集接入在部分台区引发的用户过电压、反向重过载等问题。相应模式已在山东的德州、济南、东营等多个地市推广应用，形成了多达 2.7MWh 的"云储能"资源池。

2022 年 10 月，山东省能源局提出自 2023 年起，有序推动分布式新能源参与市场费用分摊，支持新能源与配建储能组成联合体参与电力市场。2024年12月，山东省人民政府办公厅印发《关于健全完善新能源消纳体系机制促进能源高质量发展的若干措施》的通知（鲁政办字〔2024〕163号），提出稳步推动新能源入市，分类、逐步提高新能源市场化交易比例。其中，2025～2026年，新增风电项目（含分散式风电）可自主选择全电量或30%发电量参与电力市场，新增光伏发电项目（含分布式光伏）可自主选择全电量或15%发电量参与电力市场，2030年起，新增风电、光伏发电项目实现全面入市。但同时也强调：在实施过程中根据国家政策要求变化优化调整。

3. 广东

2022年12月广东省深圳市发改委为加快推进光伏产业高质量发展，支持分布式光伏发电项目推广应用，提出推动分布式光伏项目接入深圳市虚拟电厂管理云平台，实现分布式资源的实时监测和调度。鼓励分布式光伏项目"自发自用，余量上网"，对接入虚拟电厂管理云平台的项目优先安排电费按月度结算。加快推动分布式光伏项目以虚拟电厂模式参与电力市场交易，尽最大限度体现光伏绿电价值。探索建立光伏项目绿电交易与碳排放交易衔接的新业态和新模式。

2023年11月广东发布新版《广东省可再生能源交易规则（试行）》（广东交易〔2023〕228号），指出参与绿电交易的发电主体从陆上风电、集中式光伏扩大至全部风电（含海上风电、分散式风电）、光伏（分布式光伏和光热发电）、常规水电、生物质发电、地热能发电、海洋能发电等可再生能源发电项目，与国家规定的绿证核发范围保持一致。2024年2月22日，粤泷发电公司屋面分布式光伏发电项目以"集中竞价、事后交易"的新方式完成绿电交易，开创了南方电网区域首个分布式光伏项目参与绿电交易的先河。

此外，浙江、江苏、安徽等省提出分布式发电可通过聚合的方式参与绿电交易，但需满足以下条件：一是需向电网公司足额缴纳输配电费；二是仅限既有分布式发电资源又有绿电消费需求的企业参与，且参与市场的方式和品种为绿电交易。

2.1.4 国内外经验启示

2.1.4.1 国际经验启示

从德国的实践经验出发，在推动分布式能源高质量发展方面可从以下五个方面进一步完善市场机制与政策。

（1）发挥价格信号作用，推动分布式能源形成有序发展格局。综合考虑工商业分布式光伏、户用光伏等不同分布式能源所处的发展阶段，差异化实施并动态调整补贴政策。分阶段、有重点推动新能源发电差异化参与电力市场竞争，完善现货市场机制设计，建立健全分布式新能源上网电量市场化价格形成机制，初期推动以差价合约（Contract for Difference，CFD）方式参与市场，保证分布式能源获得合理、可预期的投资收益。鼓励并推动现有分布式光伏项目参与绿电绿证市场，充分体现新能源的环境价值。

（2）加强平衡责任管理，强化局部电网投资，确保分布式新能源有效消纳。完善分布式新能源参与市场的交易规则，妥善处理大规模分布式新能源接入后的就地就近平衡责任。对于分布式新能源产生的发用电偏差，以及由此带来的电力平衡成本，由供应方或需求方根据市场价格进行责任补偿。有序推进配电网改造升级，实施局部电网扩容改造，提升关键断面送出能力，满足分布式新能源的规模化接入和高效消纳。

（3）鼓励商业模式创新，培育专业化的市场运营商以保障系统安全稳定运行。积极推动商业模式创新孵化，培育多元化的盈利模式和运营机制，推动以虚拟电厂、聚合商等方式整合分布式发电、储能、可调节负荷等各类资源。聚合体内部可结合资源特性、用户需求等，个性化定制内部交易品种，允许双边交易、摘挂牌等交易方式，对内提供灵活多样的供需资源匹配服务。同时，聚合体对外作为单一经营主体参与批发市场，包括参与现货电能量交易、开展需求侧响应、提供电力辅助服务等。

（4）创新土地利用机制，推动分布式能源开发建设土地集约化、高效化利用。统筹土地利用和新能源开发，引导分布式能源开发建设因地制宜、因业制宜。有效利用建筑屋顶、院落空地、田间地头、设施农业用地、集体闲置土地等，挖掘更多可开发利用空间。在响应国家保障粮食安全基本国策，加强基本农田保护的前提下，积极推动分布式能源与农业、渔业活动等有机结合，在显著提高土地利用效率、保障生态环境不受影响的同时，为用户提供相对稳定的额外收入来源，推动构建分布式能源综合利用新业态，形成多元产业互补发展的良好格局。

（5）加强灵活性电源与电网建设，提升新能源并网运行能力。电源结构方面，发挥煤电"压舱石"作用，持续推进抽蓄等灵活性电源建设，鼓励支持新型储能发展，滚动优化新能源发展时序规模。并网运行方面，完善明确并网和运行技术标准和相关规程，加强新能源机组遥测、遥调、遥控能力建设。电网建设方面，不断加强输电骨干网架，进一步加强区域电网与周边区域的互联建设，建设坚强智能配电网，推动数智化坚强电网建设。

美国的建设实践主要从交易机制的优化设计着手，整体而言，可从以下三个方面借鉴经验：

（1）鼓励用电主体以 PPA 形式同可再生能源企业签订大规模的长期合同，用于大量购买满足业务需求的可再生能源，通过中长期双边交易锁定发电收益。此外，证电合一的绿证交易形式更有利于用电主体明确可再生能源消耗量，激励可再生能源的投资消费。

（2）推动可再生能源企业同等入市，且需承担系统消纳增量成本。风电等清洁能源企业与其他常规火电基本采用同样的方式参与市场。在中部电力市场、得州电力市场、加州电力市场、PJM 电力市场以及纽约电力市场中，可再生能源发电企业均直接参与日前和实时市场交易，同时申报发电量与发电价格，并以市场的统一出清价格或所在节点的节点电价结算发电量。对于风电等清洁能源的功率预测误差所造成的不平衡量，设置相应的惩罚机制。对于因可再生能源并网对电网运行的调峰、调频等辅助服务需求造成的增量成本，推动建立向可再生能源企业分摊全部或部分增加成本的机制。

（3）丰富辅助服务交易品种，鼓励新兴经营主体参与市场。为了支持可再生能源消纳，美国辅助服务市场除了传统的调频、备用等品种以外，还引入了爬坡类产品，促进系统灵活性提升。另外，美国要求各市场完善相关市场规则，允许分布式电源、储能、需求响应等新业态、新主体参与容量市场、调频市场，提升系统灵活性的同时拓宽新兴主体收益来源。

2.1.4.2 国内现货转正省份经验启示

参考山东、山西、广东、甘肃等省份的实践经验，加快电力现货市场建设，逐步增加集中式新能源参与中长期、现货市场、跨省跨区交易比例，推动分布式新能源联合储能聚合参与市场：

（1）推动新能源电量参与中长期交易。除扶贫光伏电量外，省内风电、光伏电量按不高于本省燃煤发电基准价参与市场交易，引导工商业用户优先消纳新能源电量，实现新能源电量在更大范围内的优化配置，降低工商业用电成本。

（2）加快电力现货市场建设。推动电力现货长周期试运行，不断扩大经营主体参与范围，完善市场监测机制，科学合理设置交易价格浮动范围，将现货价格保持在合理区间。

（3）多措并举促进分布式能源消纳。在用电侧分时电价的引导下，科学组织企业和园区自建的工商业分布式可再生能源项目通过配储的形式"自发自用、余电上网"，尽可能就近消纳，减缓集中大发对配电网的冲击，并通过对分时电价政策的响应增强企业经济效益。此外，引导除户用自然人分布式光伏外的其余分布式光伏资源聚合，在做好信息系统建设与智能调控的基础上可探索以虚拟电厂等形式参与市场交易。

2.2 集中式新能源参与市场交易的配套机制设计

2.2.1 统一市场体系下新能源入市路径研究

《关于加快建设全国统一电力市场体系的指导意见》（发改体改〔2022〕118 号）明确提出"2030 年新能源全面参与市场交易"的发展目标，《关于深化新能源上网电价市场化改革 促进新能源高质量发展的通知》（发改价格〔2025〕136 号）进一步指出"区分存量增量"，"推动新能源上网电量全面进入电力市场、通过市场交易形成价格"。在参照国内外新能源参与电力市场的实践经验与启示后，针对当前集中式新能源入市条件相对成熟的现实情况与各地电力现货市场建设与发展态势，本节中特此建议可分三个阶段推动集中式新能源入市：

第一阶段：现货未连续试运行前，新能源电量参与中长期市场，分时段交易、分时段结算。该阶段重点解决现货未连续试运行省份推动新能源入市面临的问题。在当前我国大多数省份尚未进入现货市场连续试运行阶段的基础上，可以考虑推动新能源电量参与电力中长期交易。交易分时段组织、分时段结算，时段划分、系数浮动与各地分时电价政策保持衔接，偏差电量可参照现行用户侧结算方式，采用对应时段均价进行结算并承担偏差考核责任。充分衔接现行保障性电量规模政策，稳定各类新能源发展预期。

第二阶段：现货连续试运行后，新能源"报量报价"或"报量不报价"进入现货市场。重点解决目前大多数现货市场试点省份在试运行期间所面临的"只调电不结算"和"只报量不报价"等问题。在现货市场连续试运行初期，暂不具备条件的，新能源可以"报量不报价"参与现货市场，逐步推动其"报量报价"参与现货市场、按照现货市场规则进行偏差结算。按照国家要求合理设置现货市场价格上下限，并根据市场运行情况及时调整。统筹中长期、现货与保障性电量规模比例，保障市场平稳运营。

第三阶段：现货市场逐步成熟后，适应新能源全量参与的市场体系更加健全。重点解决计划与市场双轨制问题，推动以市场手段实现高比例新能源场景下电力市场高效稳定运行。结合市场建设与运行情况，逐步缩小保障性电量比例，创新适应新型电力系统的交易品种和市场机制，中长期分时段交易持续深化，满足新能源场站降低风险、调整曲线的需求。完善现货市场与中长期市场、辅助服务市场等衔接机制，确保新能源价值合理体现。

2.2.2 集中式新能源入市影响性分析

依据上述三个发展阶段的入市路径设计，此处分别探究新能源参与中长期交易与现货交易的量化影响，为新能源配套机制设计提供优化思路与决策参考。

2.2.2.1 新能源参与中长期交易的影响性分析

在第一阶段，有序推动新能源从全额保障性收购政策转向参与中长期市场交易，由于中长期市场分时段交易，因而相比于保障性收购的固定式价格而言，其市场交易价格也将具备分时特点，并不唯一。基于此，以我国某省分时电价设置为参考，分析当新能源参与中长期交易，按照当前分时电价进行收益结算时的影响。

测算边界：新能源参与中长期分时段交易的时段划分与算例省份的分时电价政策保持一致，峰段各小时交易加权价上浮比例不低于峰段系数、谷段各小时交易加权价下浮比例不低于谷段系数。根据该省相关文件规定，分时电价高峰、平段、低谷浮动比例为 1.72：1：0.45，其中尖峰浮动比例为高峰浮动比例的 1.2 倍。

市场化电量收益计算方法：首先，根据算例省份新能源、水电、气电、外电等优发电源发展边界和居民、农业用电变化趋势，得出风电、光伏逐年保障性与市场化交易电量规模；其次，根据每月风电、光伏出力典型特征曲线及各时段电价系数得到各月市场化电量均价；最后，按照年度逐月富余电量权重计算得到全年市场化电量均价。计算流程如图 2-1 所示。

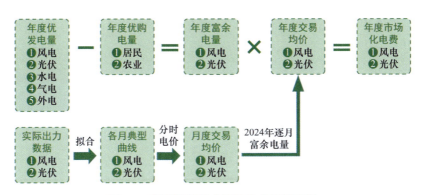

图 2-1 新能源场站市场化收益测算流程

根据测算结果可知，按照算例省份分时电价结算新能源中长期市场交易收益，风电、光伏富余电量年度市场化交易均价分别为 0.3849 元 /kWh 和 0.3315 元 /kWh，相对于现阶段保障性收购电价分别上涨 1.8%、下降 12.3%；结合新能源富余电量规模来看，预计当年风电收益增加 1.7 亿元，光伏收益减少 9.8 亿元。其中，风电 8 个月份价格提升、提升面达 67%，7 月受尖峰电价及峰段电量较多影响，增幅达到 18.1%，2 月受谷段电量较多影响，降幅达到 12%；光伏各有 6 个月份价格提升、6 个月份价格下降，主要是受午间谷段电价影响，春秋季月度均价降低 17.8%，受峰段提前至 16 点影响，夏冬季月度均价提升 5.6%。

从电费收益分配格局来看，新能源入市可有效降低工商业用户电价水平。测算表明，新能源参与中长期交易后收益变化各有不同，其中光伏入市后市场化电量收益下降至 0.3315 元 /kWh、降幅 12.8%，主要是由于春秋季午间低谷电价，导致其春秋季分时段交易均价下降至 0.3107 元 /kWh，受晚高峰时段提前影响，总体降幅尚可；风电入市后市场化电量收益提升至 0.3849 元 /kWh、增幅 1.8%，主要是由于风电在峰段发电收益涨幅高于谷段发电收益降幅，叠加尖峰电价因素，致使其总体收益上涨。考虑到光伏降价幅度高于风电涨价幅度，总体来看，预计新能源市场化交易价格可下降 1.2～1.8 分 /kWh，2025 年可降低工商业电价 0.45 分 /kWh，若考虑风电交易均价不超过基准价，可降低工商业电价 0.54 分 /kWh。

2.2.2.2 新能源参与现货市场交易多场景影响性分析

在推动新能源参与中长期交易后，伴随现货市场建设的逐步深入，有必要进一步分析在现货市场的不同发展时期，推动新能源参与现货市场交易的影响。

为科学论证不同发展阶段下新能源参与电力市场的配套机制设计，本节依据前述研究所划分的三个发展阶段，在第一阶段测算的基础上，进一步分析在第二阶段新能源逐步参与电力现货市场的影响，依照算例省份现货市场建设步伐将该阶段细分为现阶段试运行期的当前时期、逐步提高新能源参与现货比例的过渡时期等两个时期。分别研究不同新能源入市比例、不同新能源报价策略和不同典型日市场边界条件下参与主体的影响性分析。其中，当前时期集中式新能源入市机制设计如图 2-2 所示。

通过分析不同比例集中式新能源入市对于市场出清电价的影响，探讨新能源入市方式、报价策略等市场交易机制设计的量化结果，为后续配套交易保障机制设计提供数据基础。

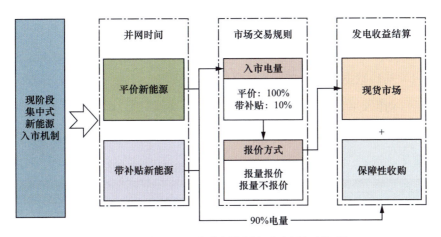

图 2-2 当前阶段集中式新能源入市交易机制概览

算例省份市场交易方式与流程如图 2-3 所示。

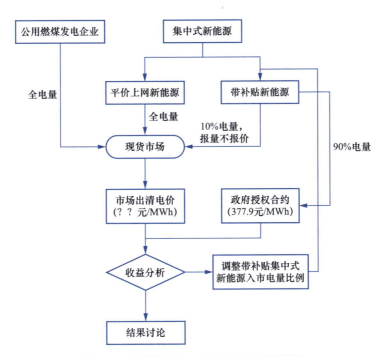

图 2-3 当前阶段电力市场交易机制流程图

在上述交易机制下，通过构建电力现货市场交易仿真模型，代入算例省份发电端火电、风电、光伏等发电机组与场站数据，负荷需求数据等基础数据，测算市场出清时的模拟结算电价，并进一步据此对比分析当带补贴新能源入市比例提升时、新能源以报量报价方式参与现货市场等不同情景下市场模拟结算均价的变化。

（1）基础数据输入与边界条件界定。

1）入市发电机组容量。根据前期调研，得到参与市场交易的装机容量数据见表 2-2。

表 2-2　　　　　　现货短期试运行情景下发电机组装机容量概况

机组类型		装机容量（MW）	入市情况
燃煤火电		67835	全电量
集中式风电	带补贴	15183	10% 电量
	平价上网	6596	全电量
集中式光伏	带补贴	6039	10% 电量
	平价上网	349	全电量

结合图 2-3 与表 2-2 可知，在当前算例省份市场试运行阶段，公用燃煤发电企业全电量参与现货市场，集中式新能源则按照其并网发电时间（2020 年 12 月 31 日前后）的差别分为带补贴式新能源与平价上网新能源两大类。其中，带补贴式新能源由于在 2020 年 12 月 31 日前并网发电，仍旧执行国家允诺的标杆上网电价政策，因此在试运行阶段，只有 10% 的电量参与市场交易，其余电量执行政府授权合约的形式进行保障性收购。而 2020 年 12 月 31 日后并网的集中式新能源场站，由于国家补贴退坡政策的执行，因此与公用燃煤火电一样，实行全电量参与市场交易。

2）典型日负荷需求数据。图 2-4 与图 2-5 分别展示了算例省份春季平日与夏季迎峰度夏两个时期的典型日负荷需求曲线。

3）典型日风电光伏出力数据标幺值。图 2-6 与图 2-7 分别展示了春季平日与夏季迎峰度夏两个时期的典型日风电出力曲线，图 2-8 与图 2-9 分别展示了春季平日与夏季迎峰度夏两个时期的典型日光伏出力曲线。需申明的是，负荷需求与风电、光伏出力的典型日是严格对应的。

（2）情景设置。在明确入市机组类型及相应装机容量、典型日负荷曲线、风电光伏出力曲线等边界条件后，设置如表 2-3 所示的情景设置以开展对比分析。

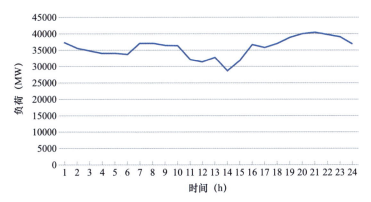

图 2-4   春季典型日负荷曲线

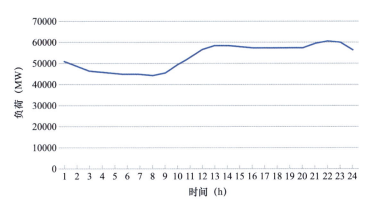

图 2-5   夏季典型日负荷曲线

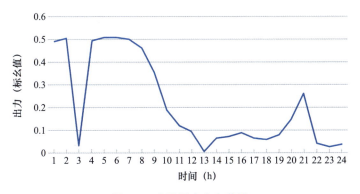

图 2-6   春季风电出力曲线

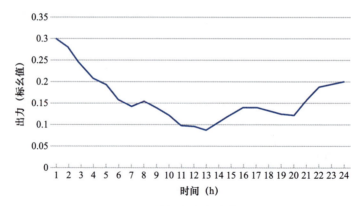

图 2-7　夏季风电出力曲线

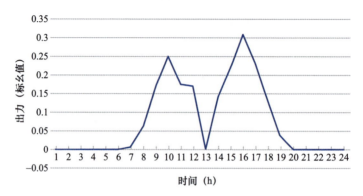

图 2-8　春季光伏出力曲线

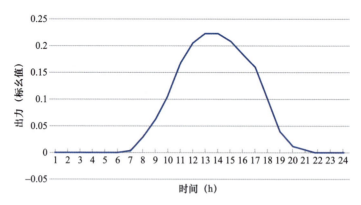

图 2-9　夏季光伏出力曲线

重点探讨：

1）不同时期（平时、迎峰度夏）下新能源入市情况对现货市场模拟结算均价的影响；

表 2-3　　　　　　　　　　　新能源入市情景设置

季节	入市方式	报价策略	带补贴新能源入市比例
春季 / 夏季	报量不报价	无	10%
			50%
	报量报价	地板价	10%
			50%
		火电均价	10%
			50%
		激进价	10%
			50%

2）新能源报量不报价时带补贴新能源入市规模对市场模拟结算均价的影响；

3）新能源报量报价时不同报价策略及入市比例对市场模拟结算均价的影响。

（3）仿真结果分析。依托经典的风光火联合发电调度模型，采用基于 python 平台的 PyPSA 工具包进行建模仿真，模型求解工具为 Gurobi，并根据求解调度模型对偶问题的影子价格，即可得到风光火电源参与现货市场的出清电价。

图 2-10 展示了新能源基准情景下春季与夏季的市场出清仿真结果，结果显示：按照算例省份市场模拟试运行时交易规则边界测算，即新能源以报量不报价策略参与市场，新能源入市规模为平价新能源全部入市、带补贴新能源 10% 电量入市，此时，春季算例下市场模拟结算均价为 125.49 元 /MWh，夏季为 255.93 元 /MWh。当入市比例增加到 50% 时，春季均价为 124.23 元 / MWh，夏季为 328.09 元 /MWh。

表 2-4 和表 2-5 分别展示了春季与夏季典型日下新能源入市后不同报价策略的仿真结果，分析可知：在春季平日时期，当新能源报价小于等于火电平均报价时（地板价和均价情景），若新能源入市规模增加，市场出清均价会略有降低，并且新能源报价越低，降幅越大；当新能源报价高于火电平均

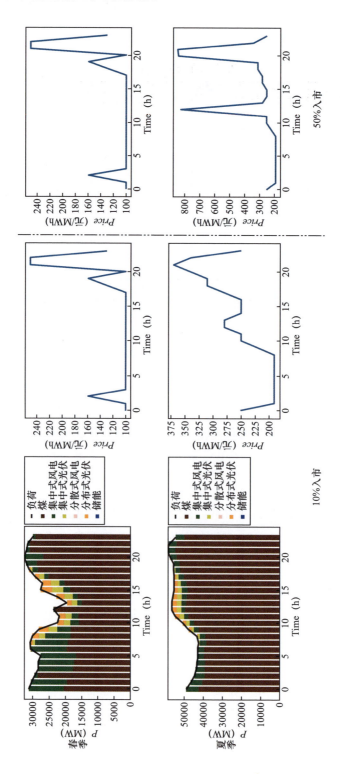

图 2-10　市场交易仿真基础结果

报价时（激进价情景），此时由于市场供过于求，火电电量即可满足用电需求，因此在同台竞价时新能源报高价可能存在无法中标的情况，模拟结算均价也将上涨。此外，当新能源入市规模不变时，新能源报价越高，市场出清均价越高。

表 2-4　　　　　　　　　市场春季典型日交易仿真结果

入市方式	报价策略	带补贴新能源入市比例	模拟结算均价（元/MWh）
报量报价	地板价	10%	125.49
		50%	124.23
	火电均价	10%	126.85
		50%	126.79
	激进价	10%	130.10
		50%	144.52

表 2-5　　　　　　　　　市场夏季典型日交易仿真结果

入市方式	报价策略	带补贴新能源入市比例	模拟结算均价（元/MWh）
报量报价	地板价	10%	302.99
		50%	302.55
	火电均价	10%	261.05
		50%	261.05
	激进价	10%	271.80
		50%	287.48

在夏季迎峰度夏时期，当新能源报价小于等于火电均价时，新能源入市规模的增加对市场出清均价影响较小，此时市场电量供不应求，出清边际机组为火电；当新能源报价高于火电均价时，入市规模增加会显著提升出清均价。横向对比来看，当新能源入市规模不变时，新能源报价越接近火电均价，市场出清电价越低。

整体来看，相较于当前算例省份制定的政府授权合约电价（377.9元/MWh），本书所设置的新能源入市后的现货市场交易场景模拟结算均价均更低。从社会视角看，这有利于电力用户，不利于发电主体，且对于先前执行固定上网电价政策的集中式新能源而言，发电收益显著降低，由此将极大抑制集中式新能源参与市场交易的意愿。以边界成本定价的现货市场交易机制在面对新能源蓬勃发展的必然趋势下，虽能为用电主体带来一定量的成本减免，但这是建立在系统稳定运行成本并未有效疏导的前提下。若将新能源并网增量系统成本计量在内，发用电两侧可能均产生利益损害。基于此，为推动电力市场健康有序发展，鼓励新能源参与市场交易，在市场建设过渡阶段，亟须研究与之相配套的新能源入市收益保障机制以调动集中式新能源参与电力市场。

2.2.3　集中式新能源入市收益保障机制设计

在上一节中，通过对算例省份现货市场模拟试运行阶段市场交易开展仿真分析，在探讨新能源不同入市比例和报价策略对于市场出清电价的影响后发现，新能源入市比例的增加对于出清电价的影响并非线性关系，还取决于市场供需关系和新能源报价策略，但总体上均相低于当前标杆电价，使新能源发电收益有所下降。为此，需进一步研究新能源入市收益补偿／保障机制设计。

2.2.3.1　现货市场建设过渡阶段：考虑多因素联动影响的改进式政府授权差价合约交易机制设计

现阶段，国内外电力市场针对发电主体收益补偿／保障机制方面已做出许多积极探索，但各机制设计均存在相应优劣势，如表 2-6 所示。

表 2-5 展示的均为现阶段电力市场针对经营主体基本利益保证而开展的发电资产收益保障机制设计，由于当前国内电力市场的发电主体基本上以火电为主，因此这些机制也大多按照火电的发电特性开展设计，主要通过政府单方向补贴的方式为火电资产提供收益补偿。面对集中式新能源参与电力市场所造成的市场平均出清价格降低的现状，也可探索相应的收益补偿机制设计。通过表 2-6 中不同机制的对比可知，基于收益的三种补贴形式在财务结算方面和调动入市积极性方面等存在一些现实困难，而采用事后核算的基于价格的补贴方式也存在入市风险加大或市场价格信号扭曲等问题。因此，通过事前签订差价合约的补贴方式相较而言可能更为适用。基于上述分析，为

激励集中式新能源参与电力市场，此处重点探索如何以差价合约为核心设计配套保障机制。

表 2-6 基于价格和基于收益的补偿机制优劣势对比

补偿原则	定量方式	类型	优势	不足
基于价格	事前	差价合约	控制市场力，实现计划与市场衔接	难以准确确定合约分解曲线
	事后	差价合约	实操简单，实现对机组精准补贴	不利于机组提前制定套期保值策略，容易增大风险敞口
	事后	度电补贴	实操简单，有效提高高成本机组利用率	造成社会福利损失，扭曲市场价格信号
基于收益	事前	固定成本补贴	一次性补贴，实现短期社会福利最大化，激励机组按实际成本报价	实操困难，涉及财务结算，容易造成过补或欠补
	事后	收益返还机制	实操简单，可实现对机组收益的精准管制	不利于调动机组参与市场积极性
	事后	收益估算法	补贴金额可控，不影响机组市场策略	不考虑机组爬坡性能，不适用于高比例可再生能源系统

电力现货市场下将产生分时、分位置的价格，一方面可为电力系统的安全、经济运行和投资提供有效的引导、激励信号；另一方面也为经营主体带来价格波动风险。不仅如此，现货市场下不同经营主体之间的利益分配将发生一定的变化，如何使得市场平稳过渡，也是现货市场建设必须要考虑的问题。因此，有必要设计有效的规避风险工具。差价合约（Contract for Difference, CFD）是一种常用的金融工具，一方面可以被经营主体用来规避价格波动的风险；另一方面可以被政府用来解决搁浅成本、市场力控制及可再生能源消纳等问题。

为推动集中式新能源参与电力市场，本节以差价合约为核心配套机制，从改进式政府授权差价合约与节点边际电价市场化差价合约两个方面设计现货市场建设初期的过渡阶段与正式运行后的理想阶段等两个阶段的集中式新能源入市配套机制。

（1）差价合约的定义。差价合约最早用于金融领域，其定义为：泛指不涉及实物商品或证券的交换、仅以结算价与合约价的差额作现金结算的交易方式。在电力市场中，差价合约不涉及实际电力的交割，是一种提前确定收益的工具，签订了差价合约的双方在相关市场完成后需要根据事先确定的公式进行"价差补偿"。由此，本节中描述的差价合约涉及以下名词概念：

1）基准价格。基准价格是差价合约的结算基准，可以选取某种具体商品的市场价格，也可以设定为有关一种或多种商品市场价格的指数或函数，对应的市场则为基准市场。

2）合约价格。合约价格是差价合约交易双方事先约定的某个商品或证券的价格，可以约定为固定的值（常数），也可以是关于某些外部指标如燃料价格、消费指数的函数。

3）合约数量。指差价合约对应的商品或证券的数量。电力市场中多数是指电量。

4）售方。指当基准价格低于合约价格时，得到补偿的一方。

5）购方。指当基准价格高于合约价格时，得到补偿的一方。

（2）政府授权差价合约的概念与基础公式。政府授权差价合约是相对于市场化差价合约而言，其差别主要体现在交易主体的对象。在电力市场的政府授权差价合约中，一般政府为购方，售方为某类发电企业，即政府约定以某一价格向电厂购电。政府授权差价合约可以实现多个方面的目标：在市场改革初期，政府与现有电厂按上网电价签订一定数量的差价合约，解决市场过渡的问题；对市场份额较大、具有市场力的发电企业，政府强制与其以固定价格签订差价合约，以限制其市场力；对成本较高而电力系统确实需要，但在市场中无法收回全部成本的发电企业，政府可以与其签订高于市场价格的差价合约，以增加其收益；通过差价合约增加某一特定类型发电企业（如可再生能源）的收益等。

差价合约基础公式如下所示

$$R^c = (p^c - p^b)Q^c \tag{2-1}$$

式中：R^c 为售方通过差价合约得到的收益；p^c 为合约价格；p^b 为基准价格；

Q^c 为合约数量。

鉴于电力市场中，现货市场一般以小时或 15min 为交易时段，而差价合约主要为中长期市场交易，其结算一般考虑较长时间尺度的交易，即为多时段差价合约。多时段差价合约的结算公式如下

$$R_\Sigma^c = \sum_{t=1}^{T} R_t^c = \sum_{t=1}^{T} [(p_t^c - p_t^b)Q_t^c] \tag{2-2}$$

式中：T 表示该差价合约涉及的市场时段数；R_t^c 为售方在时段 t 通过差价合约得到的收益；p_t^c 为在时段 t 的合约价格；p_t^b 为在时段 t 的基准价格；Q_t^c 为在时段 t 的合约数量。

（3）改进式政府授权差价合约机制优化设计。

1）总体思路。为引导集中式新能源合理发展，积极主动参与电力市场交易。在电力现货市场正式运行之前，由于尚未形成考虑节点/区域的分时价格信号，故而在电能量中长期交易中，引入多因素联动影响下基于政府授权差价合约的交易机制以优化现有集中式新能源保障性收购机制，推动新能源参与中长期市场交易，发挥市场配置资源的科学作用。

鉴于集中式新能源已历经多年发展，不同新能源类型、不同投产与并网时间、不同资源区等边界条件对新能源发电企业的成本收益情况均会带来显著影响。在集中式新能源平价上网之前，国家实施的保障性收购政策同样也是基于多因素边界分年度确定保障性收购小时数及相应上网电价，实现存量机组与增量机组的差异化定价。

基于上述思路，本研究在保障性收购政策制定中所考虑的边界条件基础上，进一步分析影响集中式新能源入市交易的潜在障碍，设计基于政府授权差价合约交易机制。

2）多因素分析。新能源发电企业的运行情况与电厂所处位置、建设成本和上网电价息息相关，此处从成本收益两个维度开展相关因素分析。

在成本维度，新能源固定成本高但边际成本低，而固定成本主要指投资建设成本，这主要取决于新能源项目建设年当年的设备及安装工程费，其中，机组价格、地形条件以及地理区位等因素均会影响建设成本。

在收益维度，新能源发电收益包括保障性收购小时数以内的固定上网电价和保障性收购以外的市场交易价格。其中，保障性收购小时数以内的固定上网电价主要取决于资源区类别、并网年限等，按照资源区执行同年同价政策，而平价上网后固定上网电价按照燃煤标杆电价决定。保障性收购小时数外的电量上网电价则执行市场交易价格，通常由双边交易或挂牌交易确定。

综上，成本与收益两个维度下，建设时间、并网年限、资源区类别等因素是集中式新能源企业运营水平的主要外界影响因素。

3）基于改进式政府授权差价合约保障机制总体性设计。鉴于集中式新能源入市意愿低的主要原因在于担心未来收益存在较大下降风险，不确定性因素较大，而差价合约又是金融市场和部分电力市场化改革试点省份所广泛采用的有效避险工具，因此，本研究在经典差价合约机制设计的基础上，通过统筹考虑前述影响因素，开展机制优化设计。

式（2-2）中计算的是价差收益，以该式为基础，考虑发电商基础收益，得到差价合同下发电商实际收益计算公式，如下所示

$$R_T = \sum_{t=1}^{T} R_t^a + \sum_{t=1}^{T} R_t^c = \sum_{t=1}^{T} p_t^a Q_t^c + \sum_{t=1}^{T} [(p_t^c - p_t^b)Q_t^c] \tag{2-3}$$

式中：R_T 为发电机组在结算周期 T 内发电总收入；R_t^a 为发电机组在时段 t 的市场发电收入；p_t^a 为发电机组在时段 t 的市场收购价格，在现货市场建设过渡阶段，新能源的市场收购价格通常为固定的上网电价，该电价水平取决于上一小节所分析的多重影响因素，与合约价格类似，同样由政府授权制定。

由式（2-3）可知，发电机组的收入分为两个部分：市场发电收入和差价合约的价差收入。关键的是，此处所提出的优化机制与经典的政府授权差价合约机制的关键区别在于价差收入的所有权归属。

具体来看，在经典的政府授权差价合约机制下，当签订的差价合约价格低于基于市场出清价格制定的基准价格，即 $p_t^c < p_t^b$ 时，意味着差价合约价差收入为负，此时发电机组需要向用户支付该部分差额费用，用户在 t 时段的用电量利用差价合约对冲了市场高价风险；当 $p_t^c > p_t^b$ 时，意味着差价合约价差收入为正，此时用户需要向发电机组支付该部分差额费用，发电机组在 t

时段的发电量利用差价合约对冲了市场低价风险；当 $p_t^c = p_t^b$ 时，意味着市场出清价格符合差价合约双方预期，不存在差额费用。而在本研究所提出的政府授权差价合约优化机制中，若价差收入为正，即合约价格高于保障性收购的固定电价时，所得超额价差收入均归新能源企业所有，该超额部分可视作用户对新能源环境价值的付费，用以激励集中式新能源企业参与市场交易；若价差收入为负，即合约价格低于保障性收购的固定电价时，新能源所付出的损失由政府补偿，用以兜底新能源参与市场交易所造成的利益损失。需注明的是，该补偿资金原本即来源于国家规定的保障性收购固定上网电价政策，地方政府并未负担多余资金。

因此，基于政府授权差价合约机制设计的核心与关键即为合约价格 p_t^c 与基准价格 p_t^b 的确定，而考虑到该差价合约是政府授权型而非市场化合约，因此价格参数由政府统筹决定。但需注明的是，不可据此将该种机制等同于保障性收购政策的固定上网电价机制。

此处所提出的过渡阶段新能源入市交易及收益保障优化机制的市场交易实操思路与步骤如图 2-11 所示。

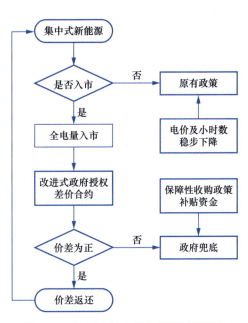

图 2-11　过渡阶段市场交易机制流程图

第一步，确定集中式新能源发电企业是否进入市场。若是，则要求发电量全额参与市场交易；若否，则仍按照原有固定电价政策执行，但年度标杆上网电价与保障性收购小时数将稳步甚至加速下降。

第二步，对于全额参与市场交易的集中式新能源上网电量采用本研究所提出的政府授权差价合约优化形式。同时规定价差收入的超额所得归于参与市场的新能源企业，而价差损失的补偿由地方政府按照原有保障性收购政策所得的补贴资金兜底。

第三步，在统筹考虑建设时间、并网年限、资源区类别等多因素边界条件的基础上由地方政府科学制定差价合约中的合约电价。该价格执行一类一价、动态调整的形式，在激励入市交易的同时，兼顾新能源发电企业运营效益保证，实现优化机制的良好可持续运转。

第四步，组织参与市场交易的集中式新能源企业按照上一步所制定的合约价格签订政府授权差价合约，约定交割时点、结算曲线分解方式等合约条款。

4）改进式政府授权差价合约关键要素设计。合约签订时设置的合约电价、合约电量及其电量分解方式作为差价合约设计的关键要素，其设计方案将直接影响差价合约对于发电机组收益进行二次分配的结果。基于此，在前小节的总体性设计基础之上，本小节进一步针对这些关键要素的方案设计开展论证。

① 价格设定。需补充说明的是，在改进式政府授权差价合约中，共有两种电价，其一是合约电价，即式（2-1）中的 p^c，该价格可为政府为保障新能源入市带来的市场交易价格降低而设置的具有保障性意义的合约价格，也即上一小节中需统筹考虑多因素边界条件的合约电价，从经济学角度而言，通常为该项发电技术的长期边际成本；其二是基准价格，即式（2-1）中的 p^b，当有全电量集中出清的现货市场时，该价格通常可直接设为现货市场的实时出清价格，而在现货市场建设过渡阶段，常用的基准价格可为现货市场多个时段的电能加权价、现货市场不同节点（区域）电能价格的差等。

合约价格的设置是政府对新能源发电技术的财政支持政策，旨在以提高新能源发电投资收益的稳定性以及降低投资风险和融资成本为原则。从国外典型市场的政府授权差价合约价格制定方式来看，合约价格制定的核心参考要素通常是发电机组长期边际成本，但是对于具有低边际成本特性的新能源而言适用性相对不高。当前我国新能源仍执行保障性收购政策，平价上网的新能源收购电价与燃煤火电标杆上网电价持平，标杆上网电价是基于社会平均成本定价原则指定的，旨在维持供需平衡和提高电力系统运行效率，因此同样可作为本研究所提出的改进式政府授权差价合约的合约价格。而对于

2020 年 12 月 31 日前并网发电的带补贴式新能源企业而言，由于是在平价上网政策颁布之前实施并网，这些新能源均执行并网期当年的新能源标杆上网电价，该电价是有关部门结合投资建设成本、运营成本、发电资源区类别等多重因素统筹制定的，具有"一年一价"的动态调整特性。因此，对于带补贴新能源电力而言，若贸然调整其上网电价，可能会面临投资建设成本无法有效回收的现实难题，因此这部分企业的差价合约价格也应动态调整。如下式所示

$$p_i^c = \alpha^1 p_i^{re} + \alpha^2 p^{th}, \alpha^1 + \alpha^2 = 1 且 \alpha^1, \alpha^2 \in [0,1] \qquad (2\text{-}4)$$

式中：p_i^c 指的是新能源场站 i 的差价合约价格；α^1 为新能源标杆电价调节系数；p_i^{re} 为新能源场站 i 的标杆上网电价，取决于该场站的资源区位置及并网时间等，执行"一机一年一策"；α^2 为燃煤火电标杆电价调节系数；p^{th} 为当地燃煤火电标杆上网电价。由此，通过 α^1 和 α^2 两个参数的调节，即可实现合约价格的动态调整。在过渡期内，随着时间发展，α^1 将逐渐下降为 0 以实现同平价上网新能源一致的合约价格。

此处所设计的优化机制的基准价格采用多时段加权平均价格，即发电机组在市场出清时的加权平均价格。计算公式如下所示

$$p_i^b = p_i^{cl} = \frac{\sum_{t=1}^{T} p_t^{cl} Q_{i,t}^{bid}}{\sum_{t=1}^{T} Q_{i,t}^{bid}} \qquad (2\text{-}5)$$

式中：p_i^b 为新能源场站 i 签订差价合约时采用的基准价格，即为该发电技术参与市场的加权平均出清价格；p_t^{cl} 为各时段 t 中的市场集中出清电价；$Q_{i,t}^{bid}$ 为新能源场站 i 在时段 i 的中标电量。在现货市场建设的过渡阶段，采用加权平均电价可尽可能规避出清价格的实时波动影响，有助于激励新能源参与市场交易。

② 合约电量及分解。合约电量及相应的分解方式也是差价合约机制设计的关键参数。由于在合约价格与基准价格的制定过程中，为尽可能规避现货市场实时价格波动所带来的收益变化风险，因此此处在此提出的是单时段差

价合约，而图 2-11 中设计的机制也为全电量参与市场交易，因此合约电量的总量与新能源发电总量保持一致，即合约电量覆盖新能源全部发电量。在此基础上，分解合约电量的问题主要集中在事前分解还是事后分解。对于事前分解而言，采用的是基于新能源日前申报出力曲线，偏差部分纳入偏差考核；对于事后分解而言，采用的基于新能源实际出力曲线，便于结算，但不利于系统调节。鉴于算例省份当前在消纳新能源方面所面临的系统调节风险，因此采用事前分解更有助于激励新能源提高出力预测精度，促进电力系统运行稳定。

基于上述分析，特设计现货市场建设过渡阶段集中式新能源入市交易的配套保障机制如图 2-12 所示。

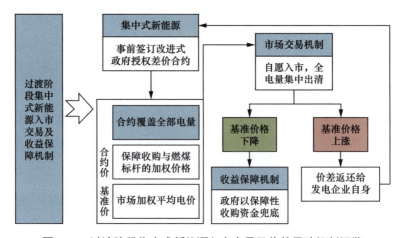

图 2-12   过渡阶段集中式新能源入市交易及收益保障机制概览

2.2.3.2   现货市场正式运行理想阶段：基于节点边际电价结算的市场化差价合约交易机制设计

在现货市场建立并逐渐完善时，此时假设通过上一节推行的考虑多因素联动影响的政府授权差价合约机制已使得集中式新能源企业全面、广泛地参与中长期市场交易，现货市场的实施使得新能源的部分发电量参与现货市场交易，此时需设计基于节点边际电价结算的市场化差价合约以规避现货价格波动对于新能源参与现货市场积极性的风险。

（1）基于节点边际电价结算的市场化差价合约的作用及意义。节点边际电价（Locational Marginal Price，LMP）是电力现货市场的核心定价机制，它能够反映电力供需的时间与空间信息，为现货市场提供正确的激励信号。节点边际电价的计算考虑了系统的网损与负荷偏差，确保了电价的准确性和公平性。然而，现货市场出清电价的时空波动性为电力市场的交易主体带来了潜在风险。作为风险规避的金融工具，差价合约在规避价格波动风险、实现投资成本回收方面发挥着重大作用。

在我国计划电与市场电并存的现阶段，发电机组一般拥有两类差价合同：一是前文提到的经典的政府授权差价合约，这是在电力市场开展后，由发电机组的"计划电量"指标转化而来的。在政府授权的差价合约中，差价合同电量就是"计划电量"，差价合同的敲定价格就是标杆上网电价，基准价格是现货市场的出清价格；二是中长期市场交易的差价合同，这是发电企业与电力用户或售电公司签订的差价合同，用来对冲剩余上网电量在现货市场的交易风险。在中长期市场差价合约中，合同电量是中长期市场的交易电量，敲定价格为中长期市场的交易价格，基准价格是现货市场的出清价格。

在现货市场中，不同节点的出清价格具有差异性，这对不同区域的经济发展产生不同影响。例如，在节点电价高的区域，其工商业用户的经营成本更高，影响当地的经济发展。因此，为促进区域经济发展的公平性，差价合约的基准价格可采用更加灵活的设定原则。例如，蒙西地区的中长期差价合约以区域平均现货市场电价为基准，而非当地的节点电价。这保障了节点电价较高的地区电价稳定，以发展经济为目的促进了区域公平性。然而，这种机制可能会削弱现货市场的价格信号，使得通过市场优化资源配置的作用有所折扣，进而可能造成线路阻塞等潜在风险。因此，需进一步统筹考虑如何兼顾经济与公平原则，开展机制优化方面的相关研究。

（2）考虑节点边际电价的市场化差价合约基础公式。由于现货市场的建立，根据国内外电力市场建设经验，通常情况下集中式新能源参与中长期市场时所签订的差价合约的基准价格会设置为现货市场的节点边际电价或某个周期内的平均节点电价等。

考虑中长期差价合约的电能电费结算公式如下所示

$$R_{发电} = \sum_{t=0}^{T}[Q_{上网}^t \times P_{节点}^t + Q_{合约}^t \times (P_{合约}^t - P_{结算参考点}^t)] \tag{2-6}$$

式中：$R_{发电}$ 为售方通过电力市场与差价合约得到的总收益；$Q_{上网}^t$ 为发电机组在 t 时段的发电量；$P_{节点}^t$ 为 t 时段的节点出清电价；$P_{合约}^t$ 为中长期差价合约的价格；$P_{结算参考点}^t$ 为基准价格；$Q_{合约}^t$ 为中长期差价合约数量。

若进一步考虑政府授权的差价合同，则其结算公式如下所示

$$R_{发电} = \sum_{t=0}^{T}[Q_{上网}^t \times P_{节点}^t + Q_{政府}^t \times (P_{政府}^t - P_{结算参考点}^t) + Q_{合约}^t \times (P_{合约}^t - P_{结算参考点}^t)] \tag{2-7}$$

式中：$p_{政府}^t$ 为政府授权的差价合约价格；$Q_{政府}^t$ 为政府授权的差价合约数量。

式（2-7）可以进一步等价转化为下式

$$R_{发电} = \sum_{t=0}^{T}[Q_{上网}^t \times P_{节点}^t - (Q_{政府}^t + Q_{合约}^t) \times P_{结算参考点}^t + Q_{政府}^t \times P_{政府}^t + Q_{合约}^t \times P_{合约}^t] \tag{2-8}$$

其中，$Q_{上网}^t$ 为发电机组在 t 时段的发电量，由以下几部分构成

$$Q_{上网}^t = Q_{现货}^t + Q_{合约}^t + Q_{政府}^t \tag{2-9}$$

因此，式（2-8）可以进一步转化为下式

$$R_{发电} = \sum_{t=0}^{T}\begin{bmatrix} Q_{现货}^t \times P_{节点}^t + Q_{合约}^t \times (P_{合约}^t + P_{节点}^t - P_{结算参考点}^t) + \\ Q_{政府}^t \times (P_{政府}^t + P_{节点}^t - P_{结算参考点}^t) \end{bmatrix} \tag{2-10}$$

（3）基于节点边际电价结算的市场化差价合约机制设计。基于式（2-10）进行结算基准电价的分情景讨论，有以下三种可能：

1）当结算基准电价与节点电价相同时，有

$$R_{发电} = \sum_{t=0}^{T}(Q_{现货}^t \times P_{节点}^t + Q_{合约}^t \times P_{合约}^t + Q_{政府}^t \times P_{政府}^t) \tag{2-11}$$

可以看出，在该情况下，差价合约本质上是将上网电量 $Q_{上网}^t$ 的结算机制

进行电量拆分，将原先仅由现货市场节点电价 $P_{节点}$ 决定，改变为由节点电价 $P^t_{节点}$、差价合约电价 $P^t_{合约}$、政府授权差价合约电价 $P^t_{政府}$ 共同决定。当节点电价变化时，差价合约的存在将在一定程度上稀释现货市场的价格波动性，维持发电机组的利润稳定。

2）当结算基准电价大于节点电价时，有

$$R_{发电} = \sum_{t=0}^{T}[Q^t_{现货} \times P^t_{节点} + Q^t_{合约} \times (P^t_{合约} - P^t_{差值}) + Q^t_{政府} \times (P^t_{政府} - P^t_{差值})] \quad (2\text{-}12)$$

式中：$P^t_{差值}$ 表示基准电价 $P^t_{结算参考点}$ 与节点电价 $P^t_{节点}$ 之差的绝对值。

可以看出，与式（2-11）的情况相比，由于所选用的基准电价高于发电侧节点边际电价，致使发电机组的收益有所降低。此时，若合约价格不变，那么相比于式（2-11），本情景下发电侧需支付更多补偿费用给用户，促使用户购电成本下降，因此更有利于用户侧工商业发展。

3）当结算基准电价小于节点电价时，有

$$R_{发电} = \sum_{t=0}^{T}[Q^t_{现货} \times P^t_{节点} + Q^t_{合约} \times (P^t_{合约} + P^t_{差值}) + Q^t_{政府} \times (P^t_{政府} + P^t_{差值})] \quad (2\text{-}13)$$

式中：$P^t_{差值}$ 表示基准电价 $P^t_{结算参考点}$ 与节点电价 $P^t_{节点}$ 之差的绝对值。

可以看出，与式（2-11）的情况相比，由于所选用的结算参考电价低于发电侧节点边际电价，该情况中发电机组的收益将有所提高。此时若合约价格不变，将使得该情景下用户将为此付出更多补偿电费用于支持发电侧新能源发展。

需注明的是，上述分析的前提假设是政府授权的差价合约与中长期市场差价合约具有相同的基准参考电价。若二者的差价合约参考电价不同，则情况将更为复杂。因此，要根据区域发展特点，结合政策制定者需要有针对性地设计多样化的差价合约机制，以区域可持续发展为导向优化新能源的市场交易模型。

（4）市场化差价合约关键要素设计。从理论层面来说，与政府授权差价合约有所区别的是，市场化差价合约的合约价格与基准价格的制定不存在政府授权的方式，而是经营主体双边自发性的行为。但鉴于电力市场在促进新能源多渠道式消纳的实践需要，应综合考虑新能源建设发展情况、电力市场建设与交易情况等，制定以下价格设定方式及合约分解方式以保障新能源入市积极性，推动新能源长期健康发展。

1）合约价格与基准价格设定。现货市场的稳定运行可提供具有分时、分位置的合理价格信号，通过真实的供需关系引导发电企业生产。但考虑到仍有一部分比例的集中式新能源是在平价上网政策出台之前并网建设的，完全市场化的方式难以保证其投资成本有效回收，并且也影响政府信用。此外，以边际成本出清的现货市场定价理论也不利于高比例新能源电力系统的发展。基于此，即使在本研究所提出的市场化差价合约机制中，也不采用市场化价格来签订合约价格。

此处所提出的合约价格设定有以下两个步骤：

① 依据工程经济学理论，获取某类新能源发电技术的单个项目（场站）总预期成本和收入的现金流量表，包括资本支出成本 C_1、运营成本及收入 C_2、退役成本 C_3、发电机及其他关键数据 C_4 等。令净现值为零可得到该类新能源发电技术的年均上网电价 p_i^A，如式（2-14）所示

$$p_i^A = f(p_i^c)\Big|_{V^{NPV}=0} \tag{2-14}$$

② 对该类新能源发电技术的所有项目（场站）均重复上述步骤，得到各项目的年均上网电价水平，并按照价格由低到高的顺序绘制电力供应曲线，如图 2-13 所示。并参照碳交易市场基准值法选择不同比例前的上网电价作为合约价格（如前 25%），以此激励发电技术降本增效。

在基准价格制定方面，由于此时现货市场已正式运行，且各主体充分参与市场，已形成一定的市场竞价意识，具有一定的风险抵御能力，故基准价格直接采用市场实时节点边际电价。

2）合约电量确定及分配。面向能源转型与新型电力系统建设需要，为促进新能源健康、有序发展，在过渡阶段的改进式政府授权差价合约的签订中采用的是覆盖新能源全部所发电量的方式，但由于基准价格已采用市场实

时出清价格,从而形成多时段市场化差价合约,且随着市场建设步伐的加快,已培育出相应的市场参与意识,此时应参考保障性收购政策中逐步减少保障性收购小时数的方式,建立市场化差价合约动态调整机制。不仅如此,还需将合约电量进一步分解至各交易时段,以匹配基准价格的实时变动,但总合约量在不同时段的分解可以与实际每个时段的发电量不一致,以给予新能源企业一定的激励效果。此外,由于差价合约为中长期交易合同,因此结算周期可以月度、季度或年度进行结算。

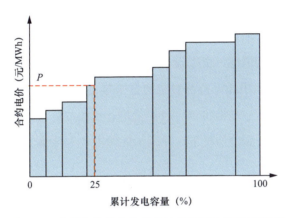

图 2-13 市场化差价合约的合约价格制定依据示意图

综合上述分析,绘制现货市场正式运行后理想阶段的市场化差价合约交易机制如图 2-14 所示。

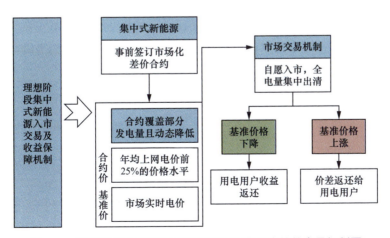

图 2-14 现货市场正式运行后基于市场化差价合约的交易机制图

整体来看，我国电力市场建设已经取得了很大的成就，面对新能源高比例发展的现实需要，推动其入市可更好发挥市场优化配置资源的作用。但市场风险的控制和改革过渡期关于公平与效率的政策目标的实现是其中重要的关键问题，可通过合理设计与运用差价合约机制来解决或改善这些问题。在历史机组搁浅成本的回收问题方面，计划体制下不同类型的机组以综合成本定价，市场化改革后定价机制发生了变化，改革过渡期需要对体制转轨下发生的收益偏差进行处理，否则早期的高投资建设成本机组将面临相关成本无法回收的问题。因此，针对不同类型新能源机组分别设计差异化的合约价格，可有效保证其收益诉求。在市场力的控制问题方面，对于历史原因造成的某些发电集团具有较大份额的情况，可以设计限定差价合约机制，强制分配一定量的限定合约，消除发电集团通过持留发电容量来推高现货市场价格的动机。此外，还可通过对合约分配、基准价格、合约价格、合约数量及分解机制的设计，实现在控制相关补贴资金的情况下，激励新能源主体主动参与市场调节。

2.3　分布式新能源参与市场交易的配套机制设计

2.3.1　分布式新能源发展现状及面临的问题

分布式新能源发电是指将新能源以模块化、分散式的方式安装在用户端，可独立地输出电能的新能源发电系统，通常来说依旧以屋顶光伏和小型化风机为主。与集中式新能源电力开发方式有所区别在于，分布式发电更靠近电力负荷中心，能够减少因电力大规模长距离传输而增加的电网建设成本和电力输送损耗成本等，有助于充分挖掘可再生能源发电资源，促进电力供需的就地、就近平衡以保证可靠供电。

光伏组件建设成本的快速下降使得光伏成为近年来新能源电力发展的领跑者，分布式新能源电力的开发也主要以屋顶光伏为代表，因此，本节以分布式光伏为例，开展现状与问题分析。

在巨大的开发潜力和充足的产能保证下，近年来中国光伏出现超预期发展的势头。截至 2023 年底，光伏的装机总量在全部装机的占比已达 21%，光伏的发电量占全社会用电量的 8% 以上。其中装机容量在兆瓦级及以下的分布式光伏发展迅猛，2023 年分布式光伏累计装机量已占光伏总装机量的 42%，占全部电源装机总量的 9%。分布式光伏发展的地域特点是集中在中东部电力需求大省，排名前五的山东、河南、浙江、江苏、河北五省装机占全国装机总量的 61%，且分布式光伏装机在各省的光伏装机总量中的占比已达 10% ～ 20%，有效地弥补了这些地区的电力供应不足。

但分布式光伏的爆发性增长也带来了一系列始料不及的问题，如配电网容量严重不足导致多地出现分布式光伏无法接入的"红区"，农村用电需求不足使得户用光伏发电无法充分就地消纳，各地分时电价的调整影响分布式光伏发电的收益，以及缺乏分布式能源就地消纳的市场机制等。分布式光伏的发展，涉及多方利益相关主体，能否化解这些矛盾和问题，事关未来分布式光伏能否大规模、可持续地发展，也将直接影响电力行业乃至全社会实现"双碳"目标的进程。

具体来看，矛盾的根源在于如何确保实现分布式光伏设计之初的就地消纳目标，才能使其真正发挥供需灵活、操作便捷的最大优势。

从物理技术层面上看，制约分布式消纳的关键因素在于分布式光伏提供的电力与用户用电需求之间存在天然的时空不平衡问题。在时间尺度下，分布式光伏的出力集中在午间时段，而电力负荷需求的高峰更多在晚间，这就增加了午间分布式光伏大规模并网的消纳压力，导致分布式光伏难以即时就地消纳。空间尺度下，居民用户屋顶光伏资源丰富但用电需求有限，使得大多数屋顶光伏仍是通过余量上网途径进行消纳，这又进一步引发了配电网建设问题。

从市场政策层面上看，分布式光伏消纳的交易机制缺失也是制约的关键因素。中国在 2017 年即提出"分布式发电与就近电力用户进行直接交易"，即"隔墙售电"交易模式，首批共推出 26 个试点区域，但至今成功者较少，原因主要在于现行的输配电价分摊方式与分布式发电就近交易的费用诉求不一致。而分布式发电由于自身位置分散、单体力量较小，电压等级低等特征，使得其直接参与电力市场交易也存在阻碍。

2.3.2 分布式新能源入市影响性分析

2.3.2.1 分布式新能源市场化交易模式

当前，分布式新能源参与市场的交易模式主要有增量配电网、微电网、就近交易、虚拟电厂和能源聚合等，其中，增量配电网和微电网模式是《中共中央 国务院关于进一步深化电力体制改革的若干意见》（中发〔2015〕9 号）提出的，通过最大化利用零散的分布式能源，推动能源高效、集约、就近利用；虚拟电厂更多是通过聚集用户侧海量、分散的灵活性资源，结合部分发电侧资源，借助信息采集、智慧调控等技术来参与市场；分布式能源聚合与虚拟电厂有所差异的在于更侧重于聚合发电侧的分散式资源，通过组建聚合商的方式来获得直接参与电力市场的主体地位与身份。由于本章主要研究推进新能源直接参与市场的机制设计，因此重点讨论分布式能源聚合的交易模式。

图 2-15 展示了分布式能源聚合参与市场的交易机制设计，依托该机制，可将配网侧原先分散式的发电资源进行聚合，从而有组织地接入电网，统一调度，减少传统分布式发电项目无序上网对大电网稳定性的冲击，也有助于减轻电网升级速度对分布式电源发展的限制。除了聚合发电侧分散式资源外，也可进一步就近聚合负荷侧的需求响应能力，相比于配置传统发电资产或储能设备来调频调峰，可更低成本地帮助电网"削峰填谷"。

2.3.2.2 分布式聚合服务商运营模式及入市影响

基于上述聚合交易模式分析，在传统电力统购统销运营模式的基础上，提出分布式能源聚合服务商运营模式，具体结构如图 2-16 所示。在信息交互技术层面，需要通过智能化的微传感器对分布式电源、储能和负荷进行精确测量和态势感知，实现电网和分布式能源信息双向互动，有助于分布式能源更灵活多变的参与市场交易以提升获利能力。在物理层面，聚合服务商聚合分散式能源系统中所有的分布式资源，并对其提供的电能量水平、辅助服务水平等进行分析统计，为市场交易决策提供数据基础。

在聚合服务商模式下，由发电企业承担分布式发电系统的投资及运营成本，电网公司除了承担储能投资及配电网的升级改造成本外，还负责运营聚合服务商，存在一定的运维成本，用户可以利用闲置的资源进行发电售电，同时能够得到电网公司提供的高质量的电力服务。此外，分布式能源提供商通过灵活的充放电优化，响应电力辅助服务交易，降低系统辅助服务成本，提升辅助服务价值，从而使分布式能源项目通过市场交易获得更多元的收益渠道。

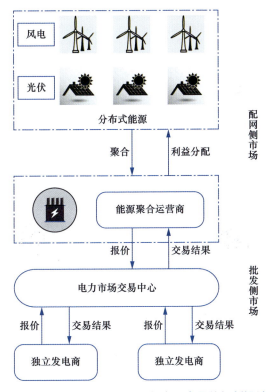

图 2-15　分布式能源聚合参与市场交易的机制设计

通过构建分布式能源聚合服务运营模型，结合典型区域实际数据开展案例分析，可以对比得到相较于传统的统购统销模式，能源聚合模式在赋予分布式能源参与市场合法身份的基础上，能够充分发挥系统运营者的决策能力，综合利用已形成的多元、多级市场交易体系获取收益，继而通过合理的按照贡献度原则开展的利益分配方法，使得聚合服务参与者获利，有助于促进零散的分布式能源参与电力市场交易，提高系统内各类经营者参与市场交易的积极性。而对于电网公司而言，聚合交易的方式更加有序，便于管理，从而能够一定程度上减少系统调节成本，提高新能源消纳水平，并且，通过多元化和分散化的能源供应，可以减少对传统能源的依赖和风险，有助于提高供电系统的灵活性和韧性，更好地应对突发事件和能源危机。

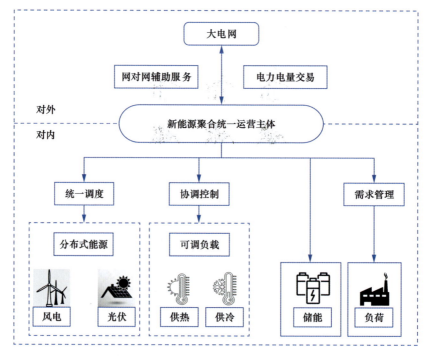

图 2-16 分布式能源聚合运营系统结构

2.3.3 分布式新能源入市收益保障机制设计

分布式新能源以聚合的形式参与电力交易还需具备以下注册与准入的条件：

（1）注册条件。

1）资质要求：聚合商需要具备相应的电力业务资质和能源管理资质，确保其具备从事电力市场交易的技术和管理能力。

2）规模要求：聚合商需要具备一定的规模实力，能够整合一定数量的分布式新能源项目，形成一定的市场影响力。

3）技术要求：聚合商需要具备先进的能源管理系统和信息技术支持，能够实时监测和调控分布式新能源项目的发电和用电情况。

4）信用要求：聚合商应具备良好的信用记录和商业信誉，确保在电力市场交易中能够诚实守信、履行合约。

（2）准入条件。

1）并网要求：分布式能源项目需要已经完成并网手续，具备与电网连接并稳定运行的能力。

2）计量要求：项目须配备合格的电能计量装置，能够准确计量发电量和用电量，为市场交易提供可靠数据支持。

3）安全要求：项目应符合国家及地方的安全生产标准，确保在运营过程中不会对人身和设备造成危害。

（3）交易流程。

1）信息发布：交易中心会定期发布电力市场的价格信息、交易规则等相关信息，为市场参与者提供决策依据。

2）交易申报：聚合商根据市场价格信息和自身情况，代表分布式能源项目向交易中心提交交易申报，包括交易量、价格等要素。

3）交易撮合：交易中心根据市场参与者的申报情况，进行交易撮合，形成交易结果，并通知相关方。

4）结算与交割：交易完成后，交易中心会根据交易结果进行结算和交割，确保资金的及时到账和电力的可靠供应。

（4）交易规则。

1）公平竞争：所有市场参与者应遵守公平竞争的原则，不得进行串通、操纵市场等不正当行为。

2）信息披露：交易中心应及时、准确、完整地披露市场信息，保障市场参与者的知情权。

3）风险防控：市场参与者应建立完善的风险防控机制，确保在交易过程中能够应对各种风险。

但同时也应清晰地认识到，分布式新能源通过聚合的方式参与市场将面临技术性挑战，主要体现在：一是计量与通信技术挑战。工商业光伏参与电力交易需要准确的计量数据和实时的通信支持。然而，目前部分分布式新能源项目的计量和通信技术尚不完善，难以满足市场交易的需求。二是智能运维技术挑战。分布式新能源项目的运维管理也是一大挑战。由于项目分散、规模小，传统的运维方式难以满足高效、准确的管理需求。为此，可以通过完善计量和通信基础设施、推广物联网、大数据分析技术等途径来提高系统运维效率。不仅如此，分布式新能源聚合运营的方式同样会跟集中式新能源面临类似的现实挑战，如市场价格波动风险、交易信用风险、外界政策不确定性风险、市场运营监管风险等。

　　基于此，此处统筹考虑技术与市场双重风险，设计并提出分布式能源交易及收益保障机制，如图 2-17 所示。

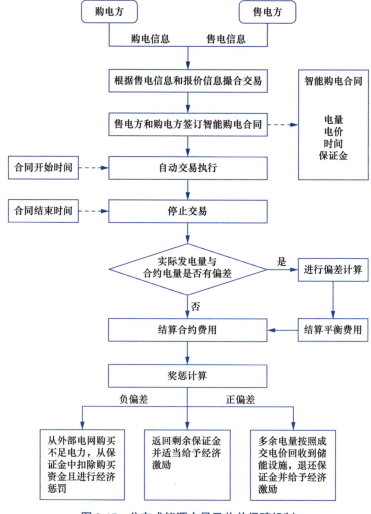

图 2-17　分布式能源交易及收益保障机制

在该机制下，市场交易部分与传统电力市场交易流程保持一致，区别在于结算时增加了奖惩计算环节，主要在于通过正负偏差的差别来实施差异化奖惩，从而激励聚合服务商提高发电能力预测精度，减少合约违约风险。具体来说，当分布式聚合商实际发电量达到或超过其在交易请求中申报的电量，则交易中心不仅将保证金退回，还将向该发电方账户提供经济激励，以鼓励其如实申报发电量。相反，若分布式聚合商实际发电量小于其在交易请求中申报的电量，则交易中心将向其他发电企业发送邀约来满足电力用户的需求。这些因日内交易而增加的额外购买资金将从分布式聚合商的保证金中扣除，同时也将扣除一定比例的额外保证金作为惩罚。这种交易保障机制将激励分布式聚合商提高发电预测的准确性，也有助于保证电力市场的公平性和稳定性。

2.4 本 章 小 结

本章主要研究促进新能源消纳的市场机制，重点探讨集中式、分布式新能源参与电力市场的激励机制和保障机制。在激励机制研究方面，梳理了我国促进新能源参与电力市场的系列性政策法规，从国内、国际两个视角分析了新能源参与电力市场的实践经验与启示，结合我国能源资源禀赋与电力市场运行现状，开展了相关经验借鉴的适用性分析。在保障机制研究方面，首先结合国家建设全国电力统一市场体系的有关规定，设计了新能源参与市场化发展的三阶段路径，涵盖第一阶段中新能源富余电量进入中长期市场、第二阶段中逐步提高参与现货市场比例和第三阶段的全电量参与现货市场。其中，以某省出台的分时电价机制为例，测算了该省份按照第一阶段推动新能源参与中长期交易的影响，并将第二、三两个阶段按照现货市场建设趋势细分成三个步骤，统筹考虑到新能源常态化、平等化参与电力市场的整体趋势，研究讨论了集中式新能源与分布式新能源在参与电力市场时基于改进式差价合约为代表的金融工具为核心设计的差异化配套机制，可以此作为我国现货市场试点建设省份促进新能源消纳的市场保障机制设计的有效参考。最后，在分布式能源参与市场交易的研究方面，通过梳理分布式新能源发展现状与面临的市场化交易难题，归纳了当前分布式能源参与市场交易的典型模式，经综合比对提出以能源聚合的方式参与市场化交易更易被多方主体所接纳，并据此设计分布式能源聚合交易与保障机制，开展相关模式设计与机制优化研究。

参考文献

[1] 朱婵霞,奚巍民,陈倩,等.新型电力系统下可再生能源如何参与电力市场 [J].中国电力企业管理,2023,(01):59-62.

[2] PyPSA. Pypsa: python for power system analysis [EB/OL]. [2024-07-08]. https://pypsa.readthedocs.io/en/latest/.

[3] Tan Qinliang, Ding Yihong, Zheng Jin, et al. The effects of carbon emissions trading and renewable portfolio standards on the integrated wind–photovoltaic–thermal power-dispatching system: real case studies in china[J]. Energy, 2021,222: 119927.

[4] 陈柏柯.适应于电力市场改革过渡期的政府授权合约机制设计 [D].华南理工大学,2022.

[5] 陈柏柯,张经纬,朱继松,等.新加坡电力市场授权合约分析及其启示 [J].中国电力,2021,54(06):44-53.

[6] 曾垂辉,李文正,李宝伟,等.含多分布式能源聚合商的本地电力市场最优能源交易策略 [J].中国电力,2023,56(11):236-245.

[7] 刘畅.基于区块链的微电网分布式能源交易系统设计与实现 [D].北京邮电大学,2023.

3

低碳转型背景下转型成本及成本增量疏导方法研究

3.1 电力系统低碳转型成本构成

"双碳"目标下，电力系统将作为脱碳减排主体部分要加速完成低碳转型任务。风光出力的波动性和间歇性将使得电力系统由集中可控、稳定出力转向强不确定、弱可控性转变。为保障电力系统的安全稳定运行，新型电力系统的建设必然会涉及支撑新能源成本、安全稳定运行成本、新能源消纳、输送等一系列新增成本，这些新增成本需要在各类经营主体间科学、公平负担。

为实现新增系统成本在各个经营主体的公平、科学合理的分摊，首先需要明确系统成本上升的具体环节，以及上涨系统成本的构成部分，为低碳转型背景下的多主体系统成本传导与分摊机制研究奠定基础。电力系统低碳转型成本构成如图 3-1 所示。

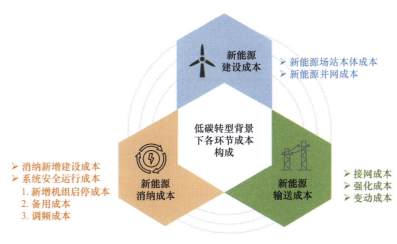

图 3-1　电力系统低碳转型背景下的成本构成

3.1.1　新能源建设成本

新型电力系统低碳转型的背景下，新能源的投资建设迎来热潮，其中集中式、分布式新能源的建设成本主要包括两部分，第一部分是新能源场站的本体建设成本，第二部分是新能源并网建设成本。

（1）新能源场站本体成本。新能源场站本体成本指新能源场站建设和设备购置的成本，相对于传统的火电厂，新能源建设投资通常更高，这是因为新能源设备（如太阳能光伏板、风力涡轮机等）的购买成本相对较高。光伏场站的初始建设投资成本主要包括组件、逆变器、支架、电缆、一次设备、二次设备等关键设备成本。其中，一次设备包含箱变、主变压器、开关柜、升压站等设备，二次设备包括监控、通信等设备。风电场站的投资建设成本主要有叶片成本，占比最大，其次是轮毂，然后是轴承、主轴、齿轮箱，塔筒等成本。除了设备投资成本外，新能源电厂依托光伏、风力资源，选址不如火电厂灵活，导致建设过程中土地成本、运输成本、运维成本也相对较高。

此外，由于新能源发电具有随机性、间歇性等特点，极易产生供需不平衡问题，对电网稳定性造成影响。对此，多地区"强制配储"政策应运而生，"新能源＋储能"成为新能源发展的主流模式[4]，尽管我国正不断创造储能成本市场化疏导的条件，但是储能设备的采购、安装、维护和运营等费用主要由新能源场站承担，实质上增加了新能源场站建设成本。某些省份曾发布了相应的新能源配储政策，规定严格按照开发方案中的储能配比配置储能设施，对于未投运的电网公司将不予调度和收购。

（2）新能源并网成本。大规模新能源接入电网不仅会导致新能源本体建设成本增加，此外还会导致新能源接网成本增加。并网成本是指新能源场站与电网之间的连接设备的建设成本，设备主要包括变电站、逆变器、线路、开关、计量装置、防孤岛、防雷击、电能质量监测、过流过载保护、遥控自控、信息通信等一系列设备。随着集中式、分布式新能源的不断投资建设，新能源的并网成本也将随之增加。

3.1.2 新能源输送成本

为了将新能源送到负荷中心和缓解电力阻塞现象，需投资建设大量配套基建工程以提高新能源接纳能力，造成系统供电成本大大提升。其中，这部分由新能源接入电网导致的输配电成本一般可分为接网成本和强化成本。

（1）接网成本。为支撑高比例新能源并网，电网需投资建设大量配套输电线路基建工程以提高新能源接纳能力。其中，高压、超高压输电线路具体的建设成本与电压等级、交流或直流、回路数、杆塔并架还是多回并架、紧凑型还是常规型，以及所经地域的地质、气象情况、交通条件等各种因素有关，特别是气象区、地质情况常常是决定性的。此外，输电的通路由电力线路、变配电设备构成，主要部件有导线、避雷线、金具、绝缘子、杆塔、拉线和基础、接地装置等。按工程实践，输电工程建设成本中综合材料占比较大（约 71%），其中杆塔工程和架线工程合计占比较大（约68%）。

据了解，220kV 输电线路目前每公里的费用是 150 万元，一般 220kV 的高压线接入成本大约是 50 万元。不同地区的输电线路成本也不同，如 220kV 的输电线路在山区的架设成本大约为每公里 200 万元；110kV 高压输电线路为 80 万～ 110 万 /km，根据施工难度不同造价也不同，山地比平地贵；35kV 输电线路为 60 万～ 80 万 /km，输电线塔稍低。

（2）强化成本。强化成本是指为适应新能源接入电网而对电网进行升级改造（ 输变电设施加固扩容、电网侧储能等）的建设成本。强化成本是为了满足输电服务的需要而新建输电设备的投资成本，反映了将来电网的发展，是对将来网络建设的投资。强化成本可作为发展成本计算，对强化成本收费要根据扩建计划的展开程度及用户对电网的利用程度而定，向新增用户和现有部分用户收取，而不能向现有的所有用户收取。因为引起电网公司作出扩建计划的是部分用户，其他参与者尚未用到那部分设备，并且现有输电用户对现有输电设备的使用费用已经接入成本中体现。

（3）变动成本。变动成本主要指网损成本，网损是节点电压和线路功率的函数，而网络中任一节点的电压是由所有节点注入功率共同维持的，任一节点电压的变化都会引起网损的变化，市场成员所分摊的网损也会变化。因此将网损费又称为变动成本。

3.1.3　新能源消纳成本

新能源的大规模并网，在带来了大量绿色的清洁能源同时，也带来了严重的消纳问题。IEA 研究表明，当可再生能源占比达到 15% 时，消纳瓶颈将会凸现。为了保证新能源的消纳，系统将产生一系列新增消纳成本，主要包括为消纳新能源产生的新增建设成本和系统安全运行成本。

3.1.3.1　新增建设成本

随着风电、光伏新能源将逐步成为增量电源主体，新能源渗透率随之大幅提高，其固有的波动性和不确定性，以及电源侧与负荷侧时空错配问题，导致集中式和分布式新能源的消纳压力随之加大。为保障新能源的消纳，需要在源网荷储多方面协同发展，配置更多的资源，建立新能源供给消纳体系，由此造成了系统成本的上升。

在电源侧，一方面，需要对火电机组灵活性改造，火电机组需要通过灵活性投资改造降低机组出力下限，修改出力深度和调整运行策略使电力负荷优先使用新能源发电量，提升新能源消纳量；另一方面，需要投资建设更多的抽水蓄能、电化学储能等项目，储能是平抑源侧可再生能源发电波动和响应荷侧负荷动态变化的重要手段，是未来新型电力系统下保证新能源消纳的重要方式。有研究测算表明新能源电量占比超过 10% 以后，对于抽水蓄能、新型储能等灵活性资源需求增加，新能源电量占比每提升 5 个百分点，将增加消纳成本 0.088 元 /kWh。除此之外，为提升煤电机组保供效能，发挥煤电机组兜底支撑作用，还需要通过相应的火电容量回收机制对火电行业进行补贴，以鼓励其提高产能利用率，保障能源供应的稳定。

在电网侧，需要推进高比例新能源输电通道建设，提升存量通道新能源外送规模，以适应高比例可再生能源电力系统"源荷互动"平衡模式为目标，优化各级电网发展节奏和布局，提升承载高比例可再生能源外送消纳能力、多直流馈入能力、分布式新能源并网能力等，实现输电网、配电网与微电网的灵活互济、协调运行。

在负荷侧，需要挖掘用户的消纳潜力，引导负荷侧资源参与就地消纳新能源。在新能源装机占比快速上升背景下，传统的依靠发电侧机组提供充足的灵活性资源来平抑风电、光伏并网带来的波动性和不稳定性的方式难以满足需求，仅靠电源侧调节能力已难以满足新能源消纳需求，拉动负荷侧参与消纳新能源成为经济可行的方式。该过程中需要投资建设更多的基础设施和采集装置，对负荷侧资源消纳能力进行挖掘，通过激励、电价等措施引导更多的用户参与新能源消纳。

3.1.3.2 系统安全运行成本

（1）新增机组启停成本。高比例风光电源受资源-气象特性的深度影响导致系统灵活性需求呈现更长周期、更大幅值、更剧烈变化的复杂特性。间歇性可再生能源与负荷叠加后的净负荷日峰谷差增大，系统灵活性需求总量逐步提高，且不确定性有所增强。此外，风电、光伏出力的快速波动使其甚至超过负荷成为系统灵活性调节需求的主体，需要的灵活性资源总量更多、持续周期更长，调节程度更大。

因此，常规煤电机组将承担起更多的灵活调节责任，导致系统机组启停成本费用随之增加。一方面，电能量市场中机组启停费用增加。新能源出力的波动性和负荷侧用电波动性的叠加，导致净负荷曲线的峰谷差增大，日前电能量市场安排的机组启停计划将更加频繁，造成系统机组启停成本上涨；另一方面，机组启停调峰、深度调峰成本增加。由于新能源的波动性和反调峰特性，随着新能源渗透率的提高，系统中将产生更多的深度调峰需求，导致在辅助服务市场中产生更多的启停调峰和深度调峰成本费用。

（2）备用成本。在新能源渗透率高速增长、"源荷"双侧不确定性持续增加的趋势下，有限的常规电源越来越难以满足运行备用容量需求，导致系统备用需求增加。预留备用是应对电力系统强不确定性的必要举措，随着新型电力系统的不断推进，新能源高比例并网对电力系统备用提出了新的要求，为满足负荷、新能源预测偏差和扰动事故下的有功平衡需求，电力系统在日前开机方式和日内实时需要安排更大比例的备用容量，填补季节性、地域性和时段性的新能源出力缺口。

（3）调频成本。随着新能源电源渗透率的逐渐增高，大规模风电、光伏接入将使电力系统呈现弱惯量、强波动的运行特性，电力系统所面临的频率稳定性问题变得愈发严重，系统调频压力急剧增加。一方面，大部分风、光为代表的新能源都采用最大功率点追踪的运行方式，与系统完全解耦，无法提供惯量支撑，导致电力系统惯量迅速减少，电网频率会因功率不平衡发生更加剧烈的波动。因此，系统需要更多具有惯量支撑的灵活性资源，共同保障系统最大频率偏差和频率变化速率在安全范围以内，维修电网频率的安全稳定。另一方面，大规模新能源并入电网，导致电力系统的波动性不仅仅来自于负荷侧，还来自于风电、光伏等波动性电源。并且随着新能源渗透率的逐渐上升，整个系统的波动性还将持续增加，导致系统实时运行时刻产生了更多的调频需求，系统需要更多的调频资源、预留充足的调频容量，保证实时运行时段系统频率的安全稳定。高比例新能源系统需要更多的惯量支撑资源和更充足的实时调频容量，导致系统调频成本上涨。

3.2 高比例新能源接入系统的长周期生产成本测算方法

伴随着电力系统新能源渗透率的不断上升，大规模风电、光伏并入电网给电力系统带来了极大的不确定性，导致系统中常规机组频繁发生启停，同时产生更多的备用和调频需求，为保障电力系统的安全稳定运行需要投入更多的经济成本，系统安全运行成本随之增加。基于此，本书考虑电源结构、电网参数、新能源渗透率等多维边界条件，构建了高比例新能源接入系统的长周期生产成本仿真模型，对不同新能源渗透率下的系统安全运行成本进行了测算，并量化了不同新能源渗透率下的系统安全运行成本增量，为后续成本增量疏导方法研究提供了数据依据。

3.2.1　长周期生产成本模拟概述

随着新能源的规模化开发、高比例并网，光伏、风电存在的波动性和间歇性给电力系统的安全稳定运行带来了不小挑战。因此，新能源并网后需要常规机组频繁启停、调节、预留备用等一系列操作来确保电力系统的实时有功平衡。一方面，常规机组需要调节自身出力平抑因新能源并网可能导致的更大净负荷峰谷差及变化率，这势必会使得其启停等调节成本大大增加；另一方面，风电并网使系统转动惯量减少，降低了电网的耐频能力，需要预留一定的旋转备用以确保系统的安全稳定运行，使得系统预留备用容量的成本也进一步增加。基于此，本书通过时序生产模拟，基于生产成本仿真的电力市场模拟模型，研究计算电力系统因发展新能源而产生的增量成本。

关于生产成本仿真的电力市场模拟模型，又可细分为机组组合模型（Unit Commitment，UC）和经济调度模型（Economic Dispatch，ED）。考虑到高比例新能源的并网后，其固有的波动性和间歇性可能会造成系统其他电源的频繁的启动和关停，本书结合机组自身约束和网络拓扑约束将基于安全约束的机组组合模型（Security-Constrained Unit Commitment，SCUC）作为基础模型。机组组合模型相比于经济调度模型，本质的区别在于经济调度模型里已经假定了有 N 台机组已经联网运行，其目标是寻找运行这 N 台机组的最优方案。而机组组合模型中则并未假定 N 台机组已全部联网运行，考虑机组的启停费用，在若干满足预期负荷需求的发电机组组合子集中寻找运行成本最低的机组组合方案，更适用于高比例新能源并网的场景之下。

此外，为了使模拟结果更具备适应性，本书进一步构建长周期生产成本仿真模型，对未来一年甚至更长时间尺度的规模进行模拟运行，通过仿真计算出未来一年火电机组的启停成本和辅助服务费用成本，其核心依然是基于安全约束的机组组合模型（SCUC）。具体的求解思路为：将长时间尺度的生产成本仿真模型根据时间尺度分解为多个子 SCUC 模型，每次仿真周期内求解 36h 机组组合，输出结果仅读取前 24h 的，然后以第 24h 测算结果的机组状态作为初始值仿真测算下一个 36h，以此类推，逐日滚动测算，由此计算出不同新能源占比情况下系统新增运行成本，为系统成本的成本传导与分摊机制研究奠定基础。具体框架如图 3-2 所示。

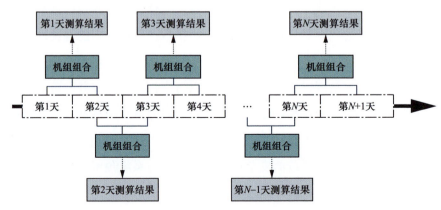

图 3-2 长期生产成本仿真模型求解框架示意图

3.2.2 高比例新能源接入下系统安全运行成本增量测算模型

通过设置不同新能源渗透率占比场景，根据系统负荷、常规机组参数、网络参数等条件，结合常规火电机组约束、新能源机组约束、系统安全稳定运行等约束，构建起电力系统长周期时序生产模拟仿真模型。接着，采用 CPLEX 对所构建的混合整数规划模型进行求解，最终得到机组启停、出力等信息，并计算出常规火电机组启停和辅助服务成本等评价指标。

3.2.2.1 目标函数

高比例新能源接入系统，为保障新能源的消纳以及电力系统的安全稳定运行，导致常规火电机组会频繁参与调峰、启停次数增加以及提供的系统辅助服务增多，该过程中导致系统成本迅速上涨。因此，本目标函数确立为保证新能源较高消纳率下的系统成本最小化，由 F_1 和 F_2 两部分组成。其中，F_1 表示机组组合发电成本，F_2 表示常规火电机组提供辅助服务成本，由此可以求得不同新能源渗透率下的系统最小化运行成本 F

$$\min F = F_1 + F_2 \tag{3-1}$$

其中第一部分目标函数 F_1 表达式为

$$
\begin{cases}
\min F_1 = f_1 + f_2 + f_3 \\
f_1 = \sum_{i=1}^{N_G} \sum_{m=1}^{M} \sum_{t=1}^{N_T} (c_i^{G,m,t} P_{i,m,t} + c_i^{U} v_{i,t} + c_i^{D} w_{i,t} + c_i^{N} u_{i,t}) \\
f_2 = \sum_{j=1}^{N_W} \sum_{i=1}^{N_T} (c_j^{W} P_{j,t}) \\
f_3 = \sum_{k=1}^{N_{pV}} \sum_{t=1}^{N_T} (c_k^{pV} P_{k,t})
\end{cases}
\tag{3-2}
$$

式中：f_1 表示火电机组的运行成本；f_2 表示风电机组运行成本；f_3 表示光伏机组运行成本；$c_i^{G,m,t}$ 表示火电机组电能量报价；$P_{i,m,t}$ 表示火电机组 i 在 m 时段 t 时刻的出力；c_i^{U}、c_i^{D} 和 c_i^{N} 分别表示火电机组的启动、停机和空载运行成本；$v_{i,t}$ 表示机组 i 在时刻 t 的开启动作，为 0 或 1 变量；$w_{i,t}$ 表示机组 i 时刻 t 的关停动作，为 0 或 1 变量；$u_{i,t}$ 表示是否处于空载运行状态，为 0 或 1 变量；c_j^{W} 表示风电厂站 j 的报价；c_k^{PV} 表示光伏厂站 k 的报价；$P_{j,t}$ 表示风电机组 j 时段 t 内的输出功率；$P_{k,t}$ 表示光伏机组 k 时段 t 内的输出功率。

第二部分目标函数 F_2 的表达式如下

$$
\begin{cases}
\min F_2 = f_1 + f_2 + f_3 \\
f_1 = \sum_{t=1}^{N_T} \sum_{i=1}^{N_G} (c_i^{ur} P_i^{tr}) + \sum_{t=1}^{N_T} \sum_{i=1}^{N_G} (c_i^{dr} P_i^{dr}) \\
f_2 = \sum_{t=1}^{N_T} \sum_{i=1}^{N_G} (c_i^{dp} P_i^{dp}) \\
f_3 = \sum_{t=1}^{N_T} \sum_{i=1}^{N_G} [(\lambda_{i,t}^{f} c_{i,t}^{f,mile} + c_{i,t}^{f,cap}) P_{i,t}^{f} + (\lambda_{i,t}^{s} c_{i,t}^{s,mile} + c_{i,t}^{s,cap}) P_{i,t}^{s}]
\end{cases}
\tag{3-3}
$$

式中：f_1 为常规火电机组提供上下备用的成本，f_2 表示火电机组提供深度调峰辅助服务的成本，f_3 表示火电机组提供一次、二次调频的成本。c_i^{ur} 表示火电机组 i 在 t 时刻的上备用报价；c_i^{dr} 表示火电机组 i 在 t 时刻的下备用报价，P_i^{ur} 表示机组 i 提供的上备用功率；P_i^{dr} 表示机组 i 提供的下备用功率。c_i^{dp} 表示火电机组深度调峰报价，P_i^{dp} 表示火电机组中标深度调峰容量。$c_{i,t}^{f,mile}$ 和 $c_{i,t}^{s,mile}$ 表示火电机组一次 / 二次调频里程价格，$c_{i,t}^{s,mile}$ 和 $c_{i,t}^{f,cap}$ 表示火电机组一

次 / 二次调频容量价格，$\lambda_{i,t}^f$ 和 $\lambda_{i,t}^s$ 表示机组一次 / 二次调频性能指标。

3.2.2.2 功率平衡约束

新能源和常规机组的出力等于负荷大小，系统的功率需要满足每个时刻都保持平衡，模型的等式约束描述为

$$\sum_{i=1}^{N_G} P_{i,t} + \sum_{k=1}^{N_W} P_{k,t} + \sum_{j=1}^{N_S} P_{j,t} = \sum_{d=1}^{N_L} P_{d,t} \tag{3-4}$$

式中：N_G 表示火电机组个数；N_L 表示负荷节点个数；N_W 表示风电厂站数；N_S 表示光伏厂站数。

3.2.2.3 常规火电机组约束

（1）机组功率约束。机组功率约束是指发电机组出力水平应处于其最小技术出力和最大技术出力范围之间

$$u_{i,t}\underline{P_i} \leqslant P_{i,t} \leqslant u_{i,t}\overline{P_i} \tag{3-5}$$

式中：$u_{i,t}$ 表示机组 i 在时段 t 内的在线状态，1 为运行中，0 为脱网运行；$\overline{P_i}, \underline{P_i}$ 表示机组 i 的最大 / 最小输出功率；$P_{i,t}$ 表示机组 i 时段 t 内的输出功率。

此外，火电机组因为要参与电能量市场和辅助服务市场，提供的电能量和辅助服务还满足以下约束

$$P_{G,i,t} + R_{G,i,t} \leqslant \overline{P_i} \tag{3-6}$$

最后，火电机组采用分段报价，因此还满足以下功率约束

$$P_{i,t} = \sum_{m=1}^{M} P_{i,m,t} \tag{3-7}$$

（2）机组爬坡约束。机组爬坡约束是指机组在相邻两个时段的出力变化值应在其上下爬坡允许范围之内

$$-\underline{R} \leqslant P_{i,t} - P_{i,t-1} \leqslant \overline{R} \tag{3-8}$$

式中：$\overline{R}, \underline{R}$ 表示机组的上下爬坡速率；$P_{i,t}$ 表示机组 i 时段 t 内的输出功率；$P_{i,t}$ 表示机组 i 时段 t 内的输出功率；$P_{i,t-1}$ 表示 t–1 内机组 i 的出力。

此外，当机组启动最小功率大于爬坡速率，机组爬坡约束将导致所有关停的机组均无法启动，因此爬坡约束改写为

$$u_{i,t}(\underline{S_i} - \underline{R_i}) - \underline{S_i} \leqslant P_{i,t} - P_{i,t-1} \leqslant u_{i,t-1}(\overline{R_i} - \overline{S_i}) + \overline{S_i} \qquad (3\text{-}9)$$

另外，为了简化计算，可以将启动最大升速率和停机最大降速率都取为

$$\overline{S_i} = \underline{S_i} = \frac{\overline{P_i} + \underline{P_i}}{2} \qquad （3\text{-}10）$$

（3）机组启停时间约束。机组开启时，要保障运行一段时间，这段时间（最小运行时间）内仅能开启一次；同理，机组关闭时也要保证停止运行一段时间（最小关闭时间）

$$\sum_{k=t-TU_i+1}^{t} v_{i,k} \leqslant u_{i,t} \qquad （3\text{-}11）$$

$$\sum_{k=t-TD_i+1}^{t} w_{i,k} \leqslant 1 - u_{i,t} \qquad （3\text{-}12）$$

式中：TU_i, TD_i 表示机组 i 的最小开启 / 关停时间。

三个布尔变量间有如下关系，可理解为已开启的机组只能关停，而已关停的机组只能开启

$$u_{i,t} - u_{i,t-1} = v_{i,t} - w_{i,t} \qquad （3\text{-}13）$$

式中：$v_{i,t}$ 表示机组 i 在时刻 t 的开启动作，1 为开启，0 为其他；$u_{i,t}$ 表示机组 i 在时段 t 内的在线状态，1 为运行中，0 为脱网运行；$w_{i,t}$ 表示机组 i 时刻 t 的关停动作，1 为关停，0 为其他。

3.2.2.4 新能源机组约束

新能源由于其出力的不可预测性和波动性不同于电力系统中的常规火电电源，在系统的运行中，新能源根据日前预测值控制出力在预测值或者以下的范围内运行。在电力系统的发电运行节能、环保的要求下，新能源在进行调度时会尽量全额上网。因此本文在进行对新能源的建模时，将新能源模拟出力作为其最大可发电出力。

（1）风电功率约束。风电出力主要受风速影响。目前，双参数的 Weibull 分布模型被广泛应用于描述风速分布，该类模型分概率密度函数表达式如下

$$f(v) = \frac{k}{c}\left(\frac{v}{c}\right)^{k-1} \exp\left[\left(-\frac{v}{c}\right)^{k}\right] \tag{3-14}$$

式中：v 表示风速；k 表示形状参数；c 表示尺寸参数，它们的具体表达式为

$$k = \left(\frac{\sigma_w}{\mu_w}\right)^{-1.086} \tag{3-15}$$

$$c = \frac{\mu_w}{\Gamma\left(1+\dfrac{1}{k}\right)} \tag{3-16}$$

式中：μ_w、σ_w 分别为风速的均值和标准差。

式（3-14）所示 Weibull 分布的概率累积密度函数为

$$F(v) = 1 - \exp\left[\left(-\frac{v}{c}\right)^{k}\right] \tag{3-17}$$

由此得到风速

$$v = c[-\ln(r)]^{\frac{1}{k}} \tag{3-18}$$

式中：r 为 [0,1] 之间均匀分布的随机变量，可以通过蒙特卡罗模拟方式随机生成。

风速—风功率之间的特性曲线可用以下分段函数表示

$$P_G^W(v) = \begin{cases} 0 & v < v_{in} \text{ 或 } v > v_{out} \\ P_{G,w,N}(v-v_{in}/v_N-v_{in}) & v_{in} < v < v_N \\ P_{G,w,N} & v_N \leqslant v \leqslant v_{out} \end{cases} \tag{3-19}$$

式中：$P_G^W(v)$ 表示风机输出的有功功率；$P_{G,w,N}$ 表示风机额定出力；v_{in}、v_N、v_{out} 分别为切入风速、额定风速、切出风速。

（2）光伏功率约束。光伏出力水平主要与所在地的光照辐射有关。与风速类似，光照辐射本身具备一定的随机性，一般服从 beta 分布，其概率密度

表达式如下

$$f(q) = \frac{\Gamma(\alpha + \beta)}{\Gamma(\alpha) + \Gamma(\beta)} \times \frac{q}{q_{max}} \times \left(1 - \frac{q}{q_{max}}\right)^{\beta - 1} \tag{3-20}$$

式中：q 和 q_{max} 分别为实际光辐射强度与最大光辐射强度；$\Gamma(\cdot)$ 为伽玛函数；α、β 均为 beta 分布的形状参数，可分别由式（3-21）和式（3-22）求得

$$\alpha = \mu_{pv}\left[\frac{\mu_{pv}(1 - \mu_{pv})}{\sigma_{pv}^2} - 1\right] \tag{3-21}$$

$$\beta = (1 - \mu_{pv})\left[\frac{\mu_{pv}(1 - \mu_{pv})}{\sigma_{pv}^2} - 1\right] \tag{3-22}$$

式中：μ_{pv}、σ_{pv} 分别为日光照辐射的均值与标准差。一般而言，日照强度测量的采样周期为 1min 或 1min 的整数倍，系统能够根据一天内的大量采样结果测算出其均值与方差。

此外，伽玛函数是阶乘函数的延拓，其在实数域上定义为

$$\Gamma(x) = \int_0^{+\infty} t^{x-1} e^{-t} dt \tag{3-23}$$

最后，利用式 (3-24) 可以得到任意光照强度下的光伏电池输出功率。

$$P_{G,pv}(q) = P_{G,pv,N} \frac{q}{q_N}[1 + s(T_{pv} - T_{pv,N})] \tag{3-24}$$

式中：$P_{G,pv}(q)$ 为光伏发电的输出值；$P_{G,pv,N}$ 为光伏电池额定输出功率；s 为温度系数，一般取 -0.47；q_N、$T_{pv,N}$ 为标准状态下的光照辐射强度和温度，分别为 100W/m² 和 25℃；T_{pv} 为光伏电池实际温度，通过式（3-25）计算得到

$$T_{pv} = T_{en} + 30 \times \frac{q}{1000} \tag{3-25}$$

式中：T_{en} 为环境温度。

（3）新能源出力约束。

风电出力约束

$$0 < P_{W,t} < P_{W,t,\text{Max}} \qquad (3\text{-}26)$$

式中：$P_{W,t}$ 为 t 时刻风电场出力；$P_{W,t,\text{Max}}$ 为 t 时刻风电厂预测最大出力。

光伏出力约束

$$0 < P_{PV,t} < P_{PV,t,\text{Max}} \qquad (3\text{-}27)$$

式中：$P_{PV,t}$ 为 t 时刻光伏场出力；$P_{PV,t,\text{Max}}$ 为 t 时刻光伏电厂预测最大出力。

（4）新能源消纳率约束

$$\begin{cases} \displaystyle\sum_{i=1}^{N_{G,w}} P_{G,w}^i(t) \geqslant h_1 \sum_{i=1}^{N_{G,w}} P_{G,w,\text{max}}^i(t) \\ \displaystyle\sum_{j=1}^{N_{G,pv}} P_{G,pv}^j(t) \geqslant h_2 \sum_{j=1}^{N_{G,pv}} P_{G,pv,\text{max}}^j(t) \end{cases} \qquad (3\text{-}28)$$

式中：$P_{G,w,\text{max}}^i(t)$、$P_{G,pv,\text{max}}^j(t)$ 分别为第 i 台风电机组、第 j 台光伏机组在 t 时段的实际最大可能出力；h_1 和 h_2 分别为风电、光伏系统最低新能源消纳率。

3.2.2.5　系统安全稳定运行约束

（1）频率稳定约束。为保证系统的频率安全，新能源和负荷侧发生扰动后，频率上升或跌落都必须在系统可承受的安全范围内，由此可以构建最低频率约束如下

$$f_a \leqslant f_N + \Delta f \leqslant f_b \qquad (3\text{-}29)$$

式中：f_a 为频率下限值，一般设置为系统频率下限；f_b 为频率上限值，一般设置为系统频率上限；f_N 为频率基准值

$$\Delta f = \frac{\Delta P_{NE} + \Delta P_L}{K_G} \qquad (3\text{-}30)$$

式中：ΔP_{NE} 为新能源机组引发的有功波动；ΔP_L 为负荷引起的有功功率波动；K_G 为常规发电机组功频静特性系数。

（2）上下备用约束。随着高比例可再生能源系统中源荷侧中不确定性日趋增强，任何一侧的波动都会引起功率失衡，此处将从发电侧与负荷侧两方

面来考虑系统的备用约束。

一方面，由于风光出力的波动性和不确定性，其出力的波动也会使得电力系统发生一定的扰动，故系统中需要预留旋转备用以应对这两者带来的不确定性；另一方面，为了应对负荷侧负荷预测偏差和负荷波动所带来的不确定性，并避免其对电能质量的影响，系统中通常也会设置一定的备用以平抑这一部分的不平衡功率，从而保证系统的安全稳定运行。首先通过下面公式来确定系统上下备用需求

$$R_t^U = \kappa_t^U \sqrt{\sum_d (\delta_d^D)^2 + \sum_j (\delta_j^W)^2 + \sum_i (\delta_i^S)^2} \tag{3-31}$$

$$R_t^D = \kappa_t^D \sqrt{\sum_d (\delta_d^D)^2 + \sum_j (\delta_j^W)^2 + \sum_i (\delta_i^S)^2} \tag{3-32}$$

式中：κ_t^U，κ_t^D 分别为 t 时刻系统上调和下调备用需求系数，根据各时段新能源机组和不可控负荷波动预测情况而确定，当波动性负荷与新能源机组占比比较多时，上下备用需求系数相应较大。δ_d^D 表示不可控负荷功率标准差；δ_j^W 表示风电机组出力标准差；δ_i^S 表示光伏机组标准差。

除了考虑新能源和负荷侧的波动性以外，还应考虑常规火电机组因故障而退出运行的情况，并预留相应的备用容量，用 $R_i^{G,Max}$ 表示最大负荷时系统中容量最大火电机组出力，$R_i^{G,Min}$ 表示最小负荷时系统中最大容量机组出力，因此系统的上 / 下备用需求量可表示为

$$R_{up} = Max\{R_t^U, R_i^{G,Max}\} \tag{3-33}$$

$$R_{dn} = Max\{R_t^D, R_i^{G,Min}\} \tag{3-34}$$

因此，建立模型的上备用约束为

$$\sum_{i=1}^{N_G} (u_{i,t} \overline{p_i} - P_{i,t}) \geqslant R_{up} \tag{3-35}$$

下备用约束为

$$\sum_{i=1}^{N_G} (P_{i,t} - u_{i,t} \underline{P_i}) \geqslant R_{up} \tag{3-36}$$

式中：R_{up} 为系统的上备用需求量，R_{dn} 为系统的下备用需求量；$u_{i,t}$ 表示机组 i 在时段 t 内的在线状态，1 为运行中，0 为脱网运行；$\overline{P_i}, \underline{P_i}$ 表示机组 i 的最大 / 最小输出功率；R_t^U，R_t^D 分别表示系统所需的上下备用需求。

（3）节点约束。节点功率平衡约束是指在电力系统任何一个节点上在任意时刻注入功率与流出功率相等

$$\sum_{i=1}^{I} K_{p,n,t} P_{i,t} - D_{n,t} = \sum_{m \in n} P_{nm,t} \qquad (3\text{-}37)$$

式中：$K_{p,n,i}$ 为节点 - 发电机关联矩阵元素；$P_{mn,t}$ 为线路 nm 第 t 时段潮流；$D_{n,t}$ 为示节点 n 第 t 时段负荷。

节点电压约束

$$V_{\min,n} \leqslant V_n \leqslant V_{\mathrm{Max},n} \qquad (3\text{-}38)$$

式中：V_n 为节点 n 的电压大小；$V_{\mathrm{Max},n}$ 为节点 n 的电压最大值；$V_{\mathrm{Min},n}$ 为节点 n 的电压最小值。

（4）母线相角约束。母线相角约束是指母线相角的取值范围，取平衡母线的相角为 0 作为参考，正常运行过程中，其他母线的相角应处于 0 附近，具体方程约束如下

$$-\pi \leqslant \theta(s,t) \leqslant \pi \qquad (3\text{-}39)$$

（5）潮流安全约束。输电线路潮流约束是指线路潮流应小于线路潮流允许极限，目前应用最广泛的是采用直流潮流模型求解线路潮流，具体模型如下

$$P_{l,t} = \frac{\sum_s \theta(s,t) K(l,s)}{x_l} \qquad (3\text{-}40)$$

$$\underline{P_l} \leqslant P_{l,t} \leqslant \overline{P_l} \qquad (3\text{-}41)$$

式中：$\theta(s,t)$ 表示在时刻 t 母线 s 的相角；x_l 表示输电线路的电抗参数；$\overline{P_l}, \underline{P_l}$ 为线路 l 的最大 / 最小功率约束。

在计算出潮流的转移分布因子矩阵 G 后，将潮流安全约束改写为

$$\underline{P_l} \leqslant \sum_{i=1}^{N_G} G_{l-i}P_{i,t} - \sum_{j=1}^{N_L} G_{l-j}P_{d,t} \leqslant \overline{P_l} \qquad (3\text{-}42)$$

3.3　低碳转型成本疏导方法研究

3.3.1　系统安全运行成本疏导原则与削减策略

当前，新能源的并网已经带来了一系列的低碳转型成本，并通过辅助服务市场、需求响应、分时电价等举措实现了低碳转型成本的疏导，但是随着新能源占比的进一步增加，面临的系统低碳转型成本还将进一步增加，亟需在现有市场化疏导基础上进一步研究增量成本的疏导方法。基于此，在 3.1 所研究的基础上，针对新能源较高渗透率对系统安全稳定运行造成的成本增量，在现有市场化低碳成本疏导基础上，进一步研究在发电侧和用户侧的疏导途径，框架图如图 3-3 所示。

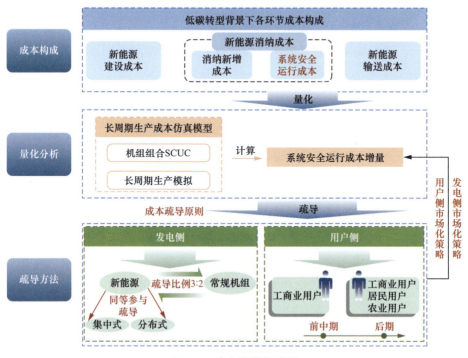

图 3-3　成本疏导关系图

3.3.1.1 系统安全运行成本疏导原则

双碳目标的愿景下，传统电力系统的低碳转型必须做好统筹规划。在扎实推进能源消费绿色低碳转变的同时，还要统筹好电力供应安全与供应价格经济性这两者之间的关系，结合三个目标寻求最终的综合平衡与协调，做好能源三角之间的权衡与抉择。如图 3-4 所示。

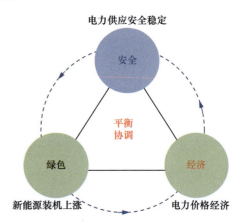

图 3-4　能源电力供应三角形

随着新能源渗透率的不断提升，电力系统将向更加绿色低碳的方向转型，这个过程中却也给电力系统的安全稳定运行带来一定挑战，导致系统低碳转型成本上涨。因此，需要对系统低碳转型成本进行疏导，推动电力系统的低碳转型发展，推进新型电力系统目标的建设进程。基于此，依照以下四条原则，对低碳转型成本进行疏导。

第一，遵循成本疏导"最小化"原则。最小化疏导原则涵盖以下四方面的含义。

（1）疏导总成本最小。电力系统的低碳转型将引起生产、输送和消纳多个环节成本上涨，为减小系统低碳转型成本疏导的总费用，本书只针对影响系统安全稳定运行的成本进行疏导。

（2）仅对系统安全稳定运行成本增量进行疏导。当前系统安全运行成本已经通过辅助服务市场、需求响应、分时电价等举措实现了成本的疏导，因此研究并疏导新能源渗透率进一步上升后产生的系统安全运行成本增量。

（3）市场化深入会在一定程度上降低成本增量。另外，为减小疏导总成本，考虑通过发电侧、用户侧市场化策略进一步削减系统安全运行成本增量。

（4）考虑用户侧承受能力进行最小化疏导。

最后，充分考虑用户侧电价的承受能力，将上述 3 个环节后的成本最小化疏导至用户侧。

第二，遵循成本疏导公平公正原则。新能源的大规模并网可以提升清洁能源的利用，但也带来了系统成本的增加，影响该模式的可持续发展。此外，系统成本疏导机制尚不完善，仅有部分通过辅助服务市场疏导，大部分由常规电源无偿被动承担，导致燃煤电厂发电利用小时数连续下降、效益下滑，一定程度上制约了系统调节能力的提升。因此，对于新能源并网带来的系统成本增加，理应按照公平公正原则，在发电侧、电网侧、用户侧各个经营主体之间进行有效疏导。

第三，遵循成本疏导"谁受益，谁承担"原则。参考国家能源局印发《电力辅助服务管理办法》（国能发监管规〔2021〕61号）等文件，按照"谁受益、谁承担"的原则，将系统安全运行成本增量费用向用户侧进行疏导，由市场化电力用户等主体共同承担，并考虑用户承受能力逐步将非市场化用户纳入分摊范围。

第四，遵循成本疏导"谁引起，谁负责"原则。低碳转型背景下，分布式新能源在政策补贴的支持下迅速发展，推动新能源迈入高速发展阶段。伴随着大量分布式新能源的入市，系统安全运行成本增量费用也随之上涨。因此，可以按照"谁引起、谁负责"的公平原则，逐步将分布式新能源纳入经营主体疏导范围，与集中式新能源场站同等参与系统成本疏导。

3.3.1.2 系统安全运行成本削减策略：净负荷曲线下的用户侧分时电价策略

在进行系统安全运行成本向用户侧疏导前，可以采取市场化手段，让用户结合自身用电特性和新能源出力信息调整用电行为，对系统安全运行成本增量整体进行削减。因此，可以采取基于净负荷曲线的用户侧分时电价的市场化策略，按照净负荷曲线进行时段划分的分时电价能够考虑新能源的出力信息，且能够发挥用户侧响应快、灵活性高的特点，引导工商业，居民用户按照新能源的出力调整自己的用电行为，从而减少系统整体的消纳成本和调节成本，降低了需要进行疏导的系统安全运行成本总费用。

随着新能源渗透率占比的提升以及越来越多的用户选择参与市场，传统分时电价的峰－平－谷时段划分已经不具备很好适应性，能够发挥的系统成本疏导效果较为有限。传统的分时电价是基于负荷曲线和用电特性来进行划分，这样的划分在新能源渗透率低的系统中能够有效引导电力用户错峰用电，向负荷侧传递出价格信号并保证电力系统的稳定运行。但随着新能源装机容量和发电量的不断提高，这种基于负荷曲线划分的方法已经不能很好的适应，新能源大发时段往往和低谷电价时段不能很好的匹配，造成系统安全稳定运行成本增加。

因此，用户侧可以采取基于净负荷曲线（总负荷曲线－新能源出力曲线）的时段划分方法，让用户根据新能源出力信息改变用能行为，降低系统需要疏导的总成本。目前某些省份地区的分时电价已经在一定程度上考虑了新能源的出力，如图 3-5 所示，3 ～ 5 月和 9 ～ 11 月的高峰时段是 16:00 ～ 24:00，低谷时段 0:00 ～ 6:00 和 11:00 ～ 14:00，其他时段为平段。

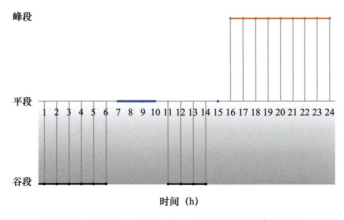

图 3-5 某省 3 ～ 5 月、9 ～ 11 月时电价时段划分

但随着集中式、分布式新能源占比进一步的提升，净负荷曲线将发生改变，分时电价的时段划分将进一步调整更新，甚至可以在当前峰－平－谷电价的基础上进一步考虑设置尖峰、深谷电价。

当前新能源渗透率比较高的省份，如某省峰时段为 7:00 ～ 9:00 和 17:00 ～ 23:00；谷时段为 9:00 ～ 17:00；平时段为 23:00 ～ 24:00 和 0:00 ～ 7:00，如图 3-6 所示。除此之外其他一些省份也将其峰段设置为 7:00 ～ 9:00、

17:00～23:00，谷段设置为 9:00～17:00，其余设置为平段。在新能源大发的中午时段，净负荷曲线处于低谷水平，同时峰谷分时电价也处于电价比较低的谷段水平，充分发挥了价格引导作用，激励负荷侧参与积极使用新能源，减少了新能源的消纳成本；当新能源出力比较低的时段，电价反而处于相对比较高的峰段水平，可以引导用户将此时间段内的部分可转移负荷转移到电价低的谷段使用，保障了系统的安全稳定运行，减少了系统运行的调节成本。

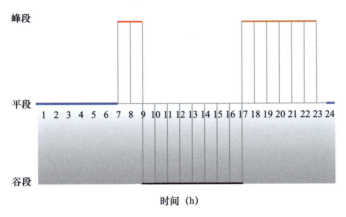

图 3-6　某省高比例新能源下的分时电价时段划分

3.3.2　发电侧：分布式与集中式新能源同等参与成本疏导

随着新能源参与市场化程度的不断深入，新能源发电的底层逻辑已经逐渐发生了改变。过去风、光电量优先收购、带补贴电价甚至高于火电，但短短十余年间，新能源发电从补贴退坡到平价上网，再到马上进入电力现货市场。伴随着大量集中式和分布式新能源的入市，系统安全运行成本将迎来较大幅度上涨。目前集中式新能源已经参与到深度调峰、调频、爬坡等辅助服务费用分摊中，分布式作为波动性电源也会造成电力系统运行成本增加，因此也需要承担相应的电价波动风险及系统运行费用。

近年来，分布式光伏在政府支持和政策优惠下，得到了迅猛发展。某些省份立足农村地域广阔、屋顶资源可开发空间大的特点，把加快屋顶光伏开发作为破解资源禀赋约束、优化能源结构的重要举措，推动新能源迈入高速发展阶段，分布式光伏的大规模发展却也给系统运行带来了以下三方面挑战。

（1）其新增分布式光伏 90% 以上接在农村低压配电网，带来了配电网和输电网潮流大进大出、县域配电网内部电网潮流随机双向流动、电压升高等问题突出，系统安全稳定运行面临巨大挑战。

（2）其屋顶光伏户均装机约 25kW，是农网户均配电变压器容量的 10 倍，而且 90% 以上均为全额上网，需要 380V ～ 1000kV 电网层层补强，导致电网安全稳定运行成本费用上涨，电网投资成本合理回收困难。

（3）在新型电力系统建设持续推进，电力现货市场建设进一步加快的背景下，其光伏装机规模达到 3731 万 kW。其中分布式光伏达到 3094 万 kW，以户用光伏为主，占比高达到了 83%。目前，分布式光伏发电量不参与电力市场，且不承担偏差考核、辅助服务和不平衡资金等费用，在批发侧电力市场中表现为直接抵消了净负荷，因此将出力波动性风险、价格风险都转嫁给了参与市场的集中式新能源，造成了集中式与分布式新能源之间的不公平处境。

分布式光伏的大规模并网对系统安全稳定运行，系统运行成本都带来了较大的影响，通过参与市场公平合理的承担系统安全成本已成大趋势。基于此可以按照"谁引起，谁解决"的原则，逐步将分布式新能源纳入经营主体疏导范围，与集中式新能源场站同等参与低碳转型成本疏导。此外，在分布式新能源项目实际开发中，存在很多以居民名义备案、以设备商和经销商为主导的企业开发行为，大部分利益被其赚取。可以按照"谁受益、谁承担"原则，对分布式能源的设备商和经销商征收一部分费用，将低碳转型成本费用疏导至设备商和经销商，拓宽系统安全运行成本疏导渠道，缓解当前价格传导机制下经营主体分摊成本压力。具体的，可以采取以下方法减小分布式新能源引起的系统安全运行成本增量，实现系统成本向分布式新能源用户的合理疏导。

（1）聚合分布式新能源参与市场。分布式新能源可以借助负荷聚合商、虚拟电厂等新业态参与市场，并明确平衡责任和成本分摊机制。一方面，分布式新能源参与市场可以促进其改善自身的出力预测精度，配置储能减小预测偏差，从而减轻大电网的调节压力和安全运行成本；另一方面，通过市场价格的引导，让分布式新能源的投资考虑社会经济成本、环境效益成本和电网发展水平，并根据分布式光伏发电的安装地点、容量配置和技术类型，从而减小大量分散光伏接入对配电网的影响，减少了接纳分布式光伏而对配电网进行大规模的改造和升级。

（2）共同参与低碳转型成本分摊。分布式光伏就电源特性而言与集中式光伏并无本质差别，作为波动性电源会造成电力系统运行成本增加，因此也需要承担电价波动风险及系统运行费用。目前集中式新能源已经参与到辅助服务费用分摊中。例如，山东省将系统爬坡辅助服务费用分摊至电力调度机构集中式管理的风电发电场和光伏发电站；河南的深度调峰辅助服务费用由火电、集中式风电和光伏按比例共同分摊；东北地区调峰辅助服务费用分摊方包括无法承担调峰的风电场、光伏电站。大量分布式新能源并网造成系统安全运行成本的上涨，基于此，可以让分布式光伏与集中式新能源一样，在参与电力市场、分摊系统运行费用方面承担"共同但有区别"的责任。

3.3.3 用户侧：计及用户承受能力的最小化成本疏导方法

用户侧成本疏导关系图如图 3-7 所示。

3.3.3.1 工商业用户参与系统成本疏导

以某省为例，自 2021 年 10 月 15 日起取消全省工商业目录电价，其省内所有工商业用户原则上全部参与电力市场交易，高比例新能源下保障电力系统安全稳定运行的成本已经在一定程度上向工商业用户疏导。省内工商业用户除了需要支付上网电价等常规费用之外，还需要承担包括机组启停和空载运行费用、辅助服务费用、抽水蓄能容量电费、电价交叉补贴新增损益以及电力保供高价新增购电成本等系统运行费用，实现了系统运行费用向工商业用户的疏导。

但随着某省集中式、分布式新能源渗透率的进一步提升，工商业用户承受的疏导费用压力将不断加重。2021 年其工业到户电价 0.627 元 /kWh，2022 年工业平均电价 0.701 元 /kWh、同比升高 7.4 分 /kWh，2023 年 1 ～ 9 月工业平均电价 0.722 元 /kWh、同比升高 2.1 分 /kWh。因此，在用户侧积极参与在电力系统低碳转型过程中，前中期成本疏导主要还是以工商业用户为主，但随着新能源渗透率以及系统安全运行成本费用的增加，后期可以进一步考虑将系统安全稳定运行成本也向居民用户疏导，充分考虑用户承受能力将系统成本最小化疏导至居民用户。

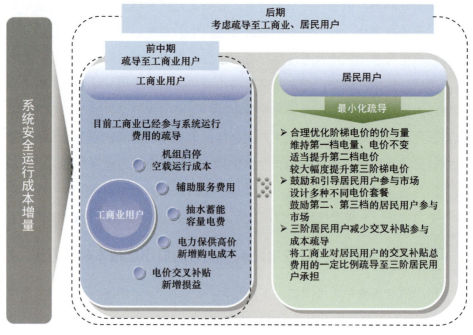

图 3-7　用户侧成本疏导关系图

3.3.3.2　居民用户最小化成本疏导方法

（1）居民电价承受能力分析。随着居民生活水平的提高和家庭电气化水平的提升，居民用电量稳步增长，特别是空调负荷，并将在未来保持这一趋势。根据某省 2023 年发布的能源发展报告显示，2022 年高峰负荷结构由以工业负荷为主向降温负荷转变，2022 年 6 ～ 8 月，全省降温电量同比增长 80%。其中，城乡居民生活和第三产业降温电量占比分别达到 50.3%、41.4%。初步测算，2022 年度夏期间，用电高峰时段全省降温负荷为 3500

万～3700万kW，占同时刻用电负荷比重约50%，其中居民空调负荷占比最高达到约65%。居民空调负荷的激增，对电力系统的安全稳定运行带来了不小挑战，也导致系统安全稳定运行成本增加，因此需要考虑居民用户承受能力将系统成本最小化疏导至居民侧。

居民对于电价的承受能力是考察能源价格合理性的依据之一，价格承受能力分析可以为合理电价机制的设计提供决策基础，目前居民用户承受能力主要从经济承受能力与心理承受能力两方面进行分析，综合评价居民用户的电价承受能力。居民用户对电价的经济承受能力可以考虑采用收入支出比模型，即根据电费支出占居民人均收入的比重来评价其承受能力水平。由于居民收入状况不同，基于用户收入水平分类进行分析，以居民人均可支配收入为基础，确定不同类用户不同经济发展阶段的电费支出占可支配收入的百分比阈值，基于该阈值、人均可支配收入即可确定能承受的最高电价水平。

居民心理从能源替代的角度考虑，得到同等热值的能源费用应基本相当，且选择某一能源的能承受的价格应是同等热值选用其他能源的最低价，即采用等热值法确定居民愿意支付的最高承受电价水平，作为其心理承受能力的上限指标。

（2）居民用户最小化成本疏导方法。

1）合理优化阶梯电价的价与量。近年来居民用电负荷，特别是空调负荷、电动汽车等负荷用电量激增，2022年度夏期间，某省居民空调负荷占比最高约达到了65%。但目前国家实施"以工补民"政策，维持居民农业的低电价，在近年来其居民农业用电量占比上升，工商业用电量占比下降的形势下，交叉补贴负担加重。居民负荷的激增对系统的安全稳定造成了巨大的冲击，造成系统安全稳定运行成本增加。因此，有必要合理优化阶梯电价的价与量，将系统成本疏导至居民负荷侧。具体的，可以在维持第一档电量、电价不变，保证居民基础的用电需求的基础上，适度提升第二阶梯电价，较大幅度提升第三阶梯电价，让居民侧结合自身的电费承受能力调整用电行为进行需求响应，并实现系统安全成本在居民用户侧的合理疏导。

2）鼓励和引导居民用户参与市场。居民用户基数大，用电行为迥异，用电峰谷时段不相同，分布在一天中的各个时段，且随着居民生活水平的提高和家庭电气化水平的提升，居民用电量稳步增长，相应用电费用也随之增加。因此，可以鼓励用电量进入第二、第三档的居民用户参与市场，让用户结合自己的用电需求和用电经济性，参与市场跟随市场价格信号调整自身的用电特性，在新能源出力少时少用电，在新能源出力富裕时候多用电，在一定程度上既减少了自身用电成本，又缓解了新能源波动性对电网安全稳定运行产生的影响。此外，电网公司可对用户的用电行为进行分析，了解用户的行为偏好，设计多种不同的电价套餐，引导居民用户结合自身承受能力自主进行套餐选择以获得最优效益，提升居民用电价格弹性。

3.4 算 例 分 析

3.4.1 算例设置

3.4.1.1 基础数据

本次算例采用 Matlab/cplex 作为仿真工具，算例仿真的基础数据包括负荷数据、新能源出力数据以及成本数据三部分，数据均来源为相关参考文献和公开数据。

此外，综合考虑长周期仿真的连续性，本次算例仿真的周期设置为 72h，计算并分析三种新能源渗透率下连续三日内的系统成本以及变化情况。各项基础数据：负荷曲线如图 3-8 所示，光伏、风电出力曲线如图 3-9 和图 3-10所示，成本相关数据如表 3-1 和表 3-2 所示。

3.4.1.2 仿真情景

为研究不同新能源渗透率下的系统安全运行成本变化情况，此处设置了情景 1、情景 2 和情景 3 三组运行场景进行对比，具体仿真情景数据设置如表 3-3 所示。

3.4.1.2.1 情景 1：新能源渗透率 15%

通过算例仿真，当新能源发电量占系统负荷 15% 时，系统安全运行成本为 1065584 元。仿真周期内有 4 台机组发生启停，其中一台 300MW 的机组

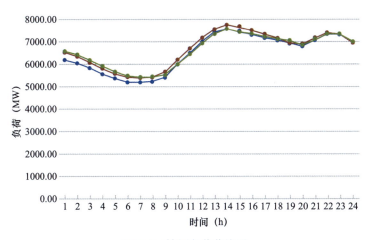

图 3-8　算例负荷曲线图

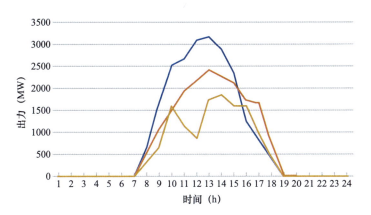

图 3-9　HRP_38 连续三日光伏出力曲线图

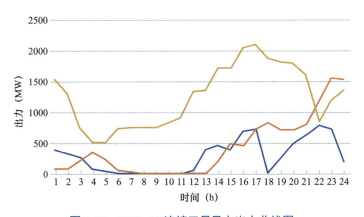

图 3-10　HRP_38 连续三日风电出力曲线图

表 3-1 各类型机组启停成本

装机容量（MW）	启机成本（元）	装机容量（MW）	启机成本（元）
30	30000	200	200000
50	50000	250	250000
80	80000	300	300000
100	100000	420	420000

表 3-2 系统备用与调频单位成本

名称	单位成本（元/MW）
系统备用	10
系统调频	15

表 3-3 仿真情景数据

情景	新能源发电量（MW）	负荷用电量（MW）	新能源渗透率
情景 1	72791	472841	15%
情景 2	121320	472841	25%
情景 3	145583	472841	30%

启机 1 次，3 台 50MW 的机组启机 18 次，关机 15 次，总共产生 570000 元的启停费用。此外，新能源渗透率 15% 时，仿真周期内系统备用需求量为 27281.63MW，备用成本为 272816.3 元，系统调频需求量为 14851.18MW，调频成本为 222767.7 元。渗透率 15% 下各仿真数据如图 3-11 所示，各火电机组出力水平和出力区间如图 3-12 所示。

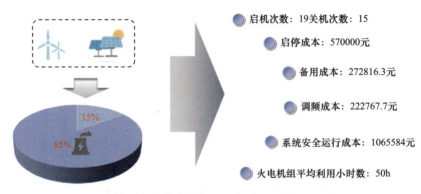

图 3-11 新能源渗透率 15% 下各项仿真数据图

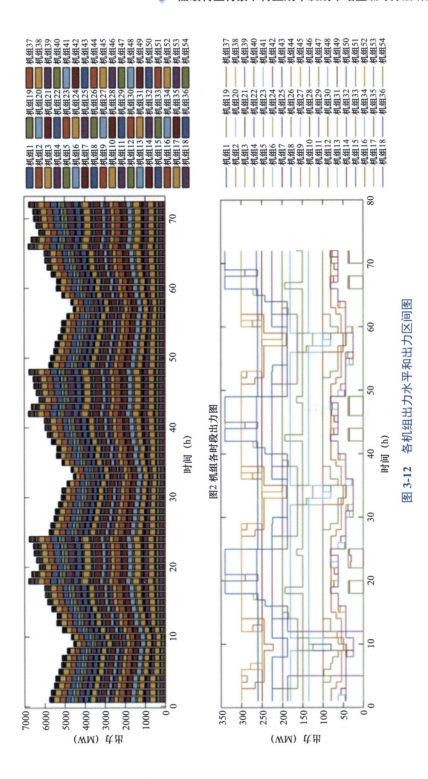

图3-12 各机组出力水平和出力区间图

3.4.1.2.2　情景 2：新能源渗透率 25%

通过算例仿真，当新能源发电量占系统负荷 25% 时，系统安全运行成本为 1458680.2 元。仿真周期内有 13 台机组发生启停，其中 1 台 300MW 的机组启停 3 次，12 台 100MW 的机组启停 27 次，总共产生 900000 元的启停费用。此外，新能源渗透率 25% 时，仿真周期内系统备用需求量为 29708.02MW，备用成本为 297080.2 元，系统调频需求量为 17440MW，调频成本为 261600 元。渗透率 25% 下各仿真数据如图 3-13 所示，各火电机组出力水平和出力区间如图 3-14 所示。

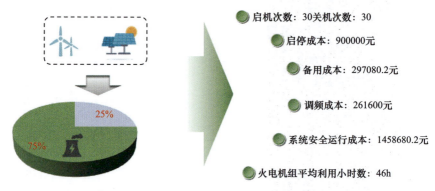

图 3-13　新能源渗透率 25% 下各项仿真数据图

3.4.1.2.3　情景 3：新能源渗透率 30%

通过算例仿真，当新能源发电量占系统负荷 30% 时，系统安全运行成本为 1940220.55 元。仿真周期内有 15 台机组发生启停，其中 1 台 300MW 的机组启停 3 次，13 台 100MW 的机组启停 39 次，1 台 80MW 启停 3 次，总共产生 1350000 元的启停费用。此外，新能源渗透率 30% 时，仿真周期内系统备用需求量为 30921.22MW，备用成本为 309212.2 元，系统调频需求量为 18733.89MW，调频成本为 281008.35 元。渗透率 30% 下各仿真数据如图 3-15 所示，各火电机组出力水平和出力区间如图 3-16 所示。

3.4.2　结果分析

通过对比情景 1、情景 2 和情景 3 的仿真结果，可以得出系统安全运行

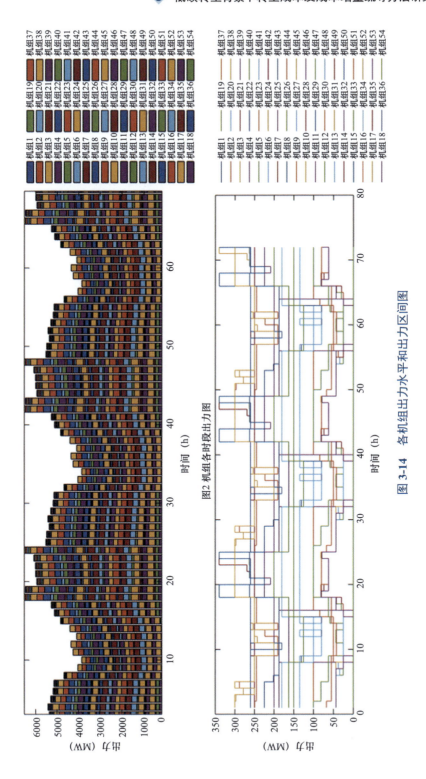

图 **3-14** 各机组出力水平和出力区间图

成本随新能源渗透率的增加而逐渐上升。三种情景下的系统安全运行成本依次分别为 1065584 元、1458680.2 元、1940220.55 元，渗透率 25% 相较于渗透率 15% 系统安全运行成本上涨了 36.89%；渗透率 30% 相较于 25% 系统安全运行成本上涨了 33.01%，渗透率 30% 相较于 15% 增加 82.08%。各部分的成本情况与涨幅变化如表 3-4 和表 3-5 所示。

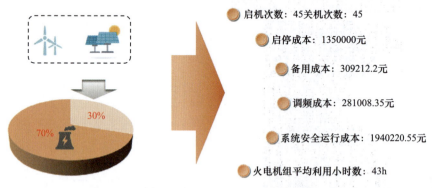

启机次数：45 关机次数：45

启停成本：1350000元

备用成本：309212.2元

调频成本：281008.35元

系统安全运行成本：1940220.55元

火电机组平均利用小时数：43h

图 3-15　新能源渗透率 30% 下各项仿真数据图

新能源渗透率的增加，导致系统总安全运行成本费用增长，本书中明确的系统安全运行成本主要包含了火电机组启停成本、系统备用成本和系统调频成本三部分成本，具体各部分成本涨幅情况如下。

（1）火电机组启停成本。新能源发电量占比的提高，导致火电机组产生更多的启停费用。15% 渗透率下的机组启停成本为 570000 元，25% 渗透率下的机组启停成本为 900000，30% 渗透率下的机组启停成本为 1350000 元。新能源渗透率 30% 的启停费用相比于 15% 时上涨 780000 元，上涨了 137%。此外，新能源发电量的上涨还导致火电机组平均发电小时数下降，15% 渗透率下的机组平均发电小时数为 50h，25% 渗透率下的机组平均发电小时数为 46h，30% 渗透率下的机组平均发电小时数为 43h。新能源渗透率 30% 相比于渗透率 15%，平均发电小时数下降了 14%，如图 3-17 和图 3-18 所示。

（2）系统备用成本。随着新能源渗透率的上升，系统的运行备用需求同步增加，三种新能源渗透率下的备用需求曲线如图 3-19 所示。其中，渗透率 15% 的备用成本为 272816.3 元，渗透率 25% 的备用成本为 297080.2 元，渗

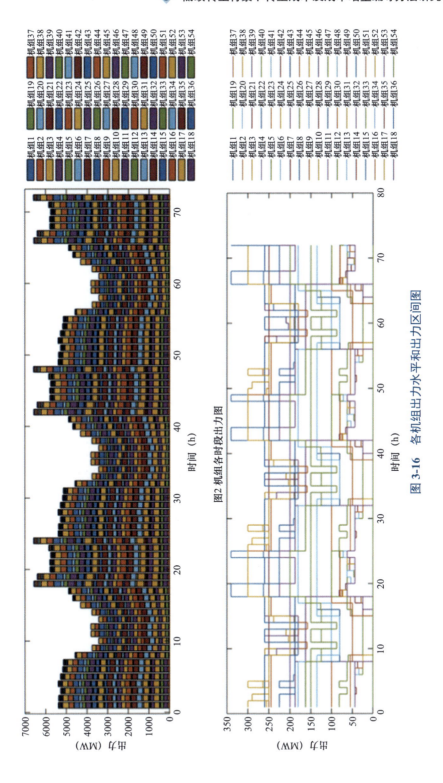

图2 机组各时段出力图

图 3-16 各机组出力水平和出力区间图

表 3-4　　　　　　　　　　各部分成本情况表

新能源渗透率（%）	15	25	30
机组启停成本（元）	570000	900000	1350000
系统备用成本（元）	272816.3	297080.2	309212.2
系统调频成本（元）	222767.7	261600	281008.35
系统运行总成本（元）	1065584	1458680.2	1940220.55
系统安全运行成本增量（元）	—	393096.2	481540.35

表 3-5　　　　　　　　　　成本涨幅情况表

情景比较	25%～15%	30%～25%	30%～15%
机组启停成本增长率（%）	57.89	50.00	136.84
系统备用成本增长率（%）	8.89	4.08	13.34
系统调频成本增长率（%）	17.43	7.41	26.14
系统运行总成本增长率（%）	36.89	33.01	82.08

注　25%～15%表示新能源渗透率25%情景相比于新能源渗透率15%情景，各成本的增长率。

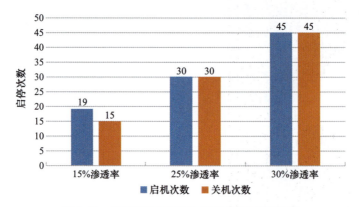

图 3-17　三种渗透率情况下机组累计启停次数

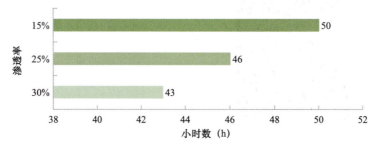

图 3-18　三种渗透率情况下火电机组平均发电小时数

透率 30% 的备用成本为 309212.2 元。渗透率 30% 相比于渗透率 15% 时系统备用成本上涨 36395.9 元，上涨了 13.34%。

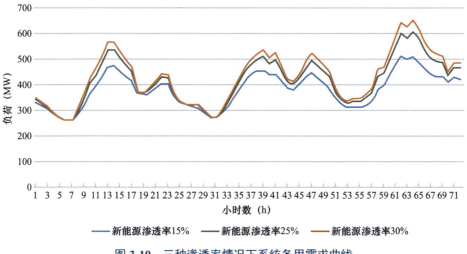

图 3-19 三种渗透率情况下系统备用需求曲线

（3）系统调频成本。风电、光伏等波动性电源的增加，导致系统功率平衡存在更多的不确定性，因此需要预留更多的调频容量，保证系统运行的频率稳定性。通过算例仿真，渗透率 15% 时调频成本为 222767.7 元，渗透率 25% 时调频成本为 261600 元，渗透率 30% 时调频成本为 281008.35 元。渗透率 30% 相比于渗透率 15%，调频成本增加了 26.14%。三种渗透率情况下系统调频需求如图 3-20 所示。

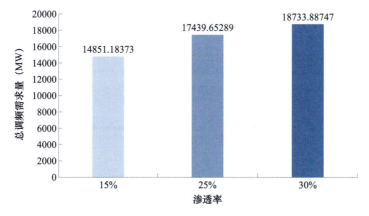

图 3-20 三种渗透率情况下系统调频需求

基于上述分析，可得到如下结论：随着新能源渗透率逐渐升高，大规模风电、光伏接入将使电力系统呈现强波动、弱惯量的运行特性，为保障系统的安全稳定运行，需要更多的灵活性资源提供支撑，这使得维持系统安全运行的成本较大幅增加。

新能源的发展要综合考量用户承受能力、区域网架承载能力等因素，同时兼顾系统运行成本和用电经济性，引导新能源科学有序健康发展，促进产生良性的经济、社会和环境效应。因此，新能源建设一定要控制好规模和节奏，避免蜂拥而上，过高过快发展将引发系统安全运行成本大幅上涨，最终推升用户用电成本，阻碍低碳转型可持续发展。

3.5 本 章 小 结

随着新型电力系统建设的进一步推进，集中式和分布式新能源将大规模接入电网，带来支撑新能源建设、输送、消纳等一系列的新增成本，并且在新能源渗透率逐渐增加的趋势下，系统成本还将面临较大幅度的增长。因此，亟需对系统成本展开研究，进行精准量化，并实现系统成本在各类经营主体间的科学、合理疏导。基于此，首先，研究了低碳转型背景下各环节成本构成，并将系统新增成本明确为成新能源建设成本、新能源消纳成本以及新能源输送成本；其次，建立了高比例新能源接入系统的长周期生产成本仿真模型，用于系统安全稳定运行成本增量的测算；然后，基于本书明确的四条疏导原则，研究了系统安全运行成本增量的疏导方法，将系统安全稳定运行成本增量在发电侧、电网侧和用户侧进行疏导；最后，根据不同发展阶段新能源发电量渗透率不同设置了三个场景进行仿真分析，对比发现火电机组启停费用、系统备用成本和调频成本随着新能源渗透率的提高而增加。

参考文献

[1] 赵雅洁,薛田良,张磊,等.考虑户用分布式光伏的负荷聚合商自建储能的容量配置 [J].现代电子技术, 2024,47(08):131-137.DOI:10.16652/j.issn.1004-373x.2024.08.021.

[2] 罗盾.市场化背景下如何做好新能源项目投资分析 [J].中国电力企业管理，2024,(22):82-83.

[3] 成明洋, 邢海军, 米阳, 等. 考虑风光储场站参与灵活爬坡的两阶段市场联合出清 [J/OL]. 上海交通大学学报, 1-28[2024-10-09].https://doi.org/10.16183/j.cnki.jsjtu.2023.570.

[4] 李相俊, 马会萌, 姜倩. 新能源侧储能配置技术研究综述 [J]. 中国电力, 2022, 55(01):13-25.

[5] 黎博, 陈民铀, 钟海旺, 等. 高比例可再生能源新型电力系统长期规划综述 [J]. 中国电机工程学报, 2023,43(02):555-581.

[6] 徐真, 张辉, 张文锋. 计及碳价的输电线路工程全生命周期成本研究——基于新型电力系统视角的分析 [J]. 价格理论与实践, 2023,(06):166-169.

[7] 何勇健. 综合智慧能源发展面临的挑战与机遇 [J]. 中国电力企业管理, 2023,(34):46-48.

[8] 肖杨, 丁涛, 黄海煜, 等. 基于仿射可调鲁棒的非预期全场景可行机组组合 [J]. 中国电机工程学报, 2024,44(16):6278-6294.

[9] 徐涛, 王樊云. 电力需求响应实施现状综述及展望 [J]. 分布式能源, 2024,9(03):1-11.

[10] 刘洋, 杨亦. 电力现货市场提速, 新能源电力入市迎来"大考" [J]. 记者观察, 2024,(04):84-87.

[11] 陈愚. 供需趋紧新增不足如何应对保供考验 [J]. 中国电力企业管理, 2023,(16):8-9.

4

挖掘需求侧灵活资源的市场机制研究

4.1 需求侧可调节资源的类型与特点

需求侧可调节资源的分类方法主要有按负荷类型分类和按响应类型分类两种。

4.1.1 按负荷类型分类

按负荷类型分类可将需求侧负荷分为传统可调负荷和新型可调负荷两类。其中传统可调负荷主要包括传统农业负荷、传统工业负荷、传统商业负荷和传统居民负荷四类；新型可调负荷的类型较多，包括电动汽车充电站、储能负荷等。以下将分析各类负荷的特点：

（1）农业负荷。农业负荷的特点主要表现在其显著的季节性和时间分布的不均。

农业用户的需求侧资源主要包括水泵、灌溉系统和冷藏设施。这些资源的特点是存在季节性的高峰需求，尤其在种植和收获季更为明显。例如，农业生产中的灌溉、取暖、制冷等活动通常集中在特定季节，尤其是在生长季节灌溉需求大增，导致电力使用量激增。此外，农业用电需求在一天中也往往呈现出明显的峰谷差异，如早晨和傍晚灌溉高峰，而夜间用电量则相对较低。

（2）商业负荷。不同的商业用户有着不同的用电规律，受到了商业规模、商业类型、淡季旺季、受众等因素的影响。在商业用户营业时，存在着许多刚性需求，例如中央空调、照明、计算机等，所以商业用户的用电规律也就有了以下两个特点：在用电量方面，其大小主要是与商业体量大小有关，且因为负荷种类较为单一，其负荷量与商业体量大致成正比关系；在负荷曲线规律上，曲线峰谷特点主要与商业经营内容有关。超市、商场这一类在白天营业的场所，其用电时段集中在白天；另一类客流量在晚上达到高峰的商业如 KTV、酒吧等，有着与前者几乎相反的负荷曲线。商业负荷有其自己的用电规律，时间点比较确定，其偏差时间波动性小，具有较强的白昼性和季节性，一般情况下，对需求响应度低或不响应。而考虑到商业用户的负荷主要集中在照明系统、空调负荷上，可通过对空调负荷的调节实现需求响应。

（3）居民负荷。居民用户用电规律有着较为明显的特点，家庭用电一般以家用电器为主，按照用电规律可分为两类，一类是持续性用电电器，例如电冰箱、电暖气等；另一类是间歇性用电电器，例如电视，洗衣机等。根据我国居民生活习惯，居民用电高峰时刻基本集中于中午和晚上，这时家庭活动较多，耗电量较大，反映在负荷曲线呈现负荷高峰。在早上、上午和下午，工作日时间大多数居民需要上学或者工作，家庭用电活动较少，所以在这些时段负荷曲线为波动不太大的数值较小的直线，属于用电的平时段。从夜晚到凌晨一般是居民的休息时间，家庭用电量极少或者没有，除了持续性用电电器之外几乎没有用电量，在负荷曲线上表现为极低的曲线，属于用电的谷时段。

（4）工业负荷。工业负荷不同于其他负荷。工业是一个国家发展的基础，是国家经济实力的体现。工业负荷在国民经济发展用电构成中居于首位，约占总用电负荷的 80% 工业种类的多种多样，以及在生产过程中产生的电费在工业生产总支出的占比、企业的利润、工业规模等，都成为工业负荷对电价配合度的影响因素。现阶段，对具有能够实现需求侧响应的工业用户大致分为以下三类：

一是中小型企业。这类企业负荷量较小，电量使用占比率不高，但是负荷使用方式不古板，较为灵活。二是高耗能的大中型企业。顾名思义高耗能企业的用电量很大，电费占工业生产比重也很高。这类负荷对电价的波动具有极强的敏感性。三是上班时间为三班倒制的企业。这类企业多以化工与制版厂等形式出现，负荷具有拥有生产流程、生产时间一定化的特点。

（5）新型可调负荷。新型可调负荷主要包括数据中心、储能系统、电动汽车充电站等。与传统可调负荷相比，新型可调负荷整体用电弹性更大，可以根据电网调度指令和激励信号快速做出响应，提升了用户侧的整体调控能力，成为负荷聚合商可聚合资源的重要优质来源。电动汽车充电站和储能系统作为两种关键的负荷类型，具有显著的调控潜力和商业价值。

1）电动汽车充电站。电动汽车充电站作为需求侧响应的一个重要组成部分，具有显著的调控潜力。充电站可以根据电网的负荷情况动态调整充电功率，实现在用电高峰期减少充电量，在低峰期增加充电，从而帮助电网更好地平衡供需关系。此外，充电站的智能调度系统能根据实时电价进行优化运作，选择电价较低的时段进行充电，以减少运营成本并激励电动汽车用户在电网负荷较低时充电，进一步促进电网的经济运行。

2）储能系统。储能系统（如电池储能站）在需求侧响应中扮演着关键角色。它们不仅能够存储在电网低负荷时段产生的过剩能量，还可以在高需求时段释放这些能量，有效地对电网进行削峰填谷。储能系统的快速响应能力使其成为稳定电网和提供应急电源的理想选择。通过参与需求侧响应计划，储能系统可以根据电力市场的信号调整充放电行为，优化电力资源的分配，增强电网的灵活性和可靠性。此外，储能还能支持可再生能源的更大规模整合，通过平衡间歇性发电源（如风电和太阳能）的输出，提升整个电力系统的效率和稳定性。

4.1.2　按响应类型分类

上述的各类传统可调负荷和新型负荷，也可按照需求响应形式，并根据负荷响应特性、互动方式等多重要素，将其划分为以下四种类型：直接负荷控制（Direct Load Control，DLC）、可中断负荷（Interruptible Load，IL）、需求侧竞价（Demand Side Bidding，DSB）、和紧急需求响应（Emergency Demand Response，EDR）。

（1）直接负荷控制（DLC）。直接负荷控制是指在系统高峰时段由直接负荷控制执行机构通过远端控制装置关闭或者循环控制用户的用电设备，提前通知时间一般在 15min 以内。直接负荷控制参与的可控制负荷一般是那种短时间的停电对其供电服务质量影响不大的负荷，例如电热水器和空调等具有热能储存能力的负荷，参与用户可以获得相应的中断补偿。

直接负荷控制作为一种简单和实用的需求响应手段，在多个国家已经成功实施了多年。其可以在电网需要时迅速减少负荷，增加系统的稳定性。用户通常会因为参与这类项目而获得电费折扣或其他激励。但是可能影响用户的正常用电需求。同时对用户的设备有一定的控制权要求。因此，这种响应模式适合于对用电设备控制要求不严格的住宅和商业用户。

（2）可中断负荷（IL）。可中断负荷是根据供需双方事先的合同约定，在电网高峰时段由可中断负荷实施机构向用户发出中断请求信号，经用户响应后中断部分供电的一种方法。对用电可靠性要求不高的用户，可减少或停止部分用电避开电网尖峰，并且可获得相应的中断补偿。可中断负荷一般适用于大型工业和商业用户，是电网错峰比较理想的控制方式。

可中断负荷作为一种可以快速并积极响应的需求响应措施，可以提高需求侧对市场价格的响应，对系统运行有多方面影响。在可靠性方面：实施可中断负荷能提供系统非旋转备用和事故备用、减少发电侧的容量投资、实现备用容量的优化配置、提高发电容量充裕度、降低系统峰荷、缓解系统阻塞；在经济性方面：实施可中断负荷可以降低系统运行费用、增加需求侧弹性、削弱价格尖峰、供电商可以在实时电价偏高时利用可中断负荷降低市场风险、用户也可以得到相应的中断补偿。

（3）需求侧竞价（DSB）。需求侧竞价是需求侧资源参与电力市场竞争的一种实施机制，它使用户能够通过改变自己的用电方式，以竞价的形式主动参与市场竞争并获得相应的经济利益，而不再单纯是价格的接受者。供电公司、电力零售商和大用户可以直接参与需求侧竞价，而小型的分散用户可以通过第三方的综合负荷代理间接参与需求侧竞价。

需求侧竞价有多种灵活的实施机制，主要包括全部电力需求参与市场竞争和参与需求改变量的竞争。在允许需求侧竞价的电力市场中，用户可以主动参与到市场的一系列定价过程中，有利于社会效益的最大化。需求侧竞价作为系统的备用容量，有利于提高系统可靠性和备用资源的灵活性，同时，实施需求侧竞价也可以显著提高需求弹性，进而有效抑制发电商的市场力和价格尖峰。

（4）紧急需求响应（EDR）。紧急需求响应是一种紧急需求响应系统，旨在应对能源供应系统面临的紧急情况，例如电力供应不足或者电网负荷过载等问题。该系统通过调节消费者的能源使用行为，帮助调节电力需求，从而维持电力系统的稳定性和可靠性。紧急需求响应系统通常通过与智能电能表、智能家居设备或其他能源管理系统进行集成，来实现对消费者能源使用的监控和控制。当能源供应系统面临紧急情况时，EDR 系统可以通过发送信号或执行预设的操作，促使消费者降低能源消耗，以缓解供需压力。

对于电网运营商而言，是一种有效的应急措施。参与用户可能会获得额外的激励或补偿。但是，对用户的正常运营和生活可能造成影响。需要用户对此类紧急情况有高度的配合度。适合于能够在电网紧急情况下快速调整用电的用户，尤其是非关键负荷的用户。

4.2　需求侧可调节资源的潜力分析

随着大规模新能源、高比例的电力电子设备、电动汽车等新型负荷接入电力系统，系统内部的运行特性发生了较大变化，叠加外部环境的不确定性与日俱增，使得电力系统更易遭受"黑天鹅""灰犀牛"等风险侵扰。相较于电源侧、电网侧的"做加法式"相关措施，加强需求侧管理在建设周期、响应速度和成本效益方面具有突出优势，可以成为提高电力系统韧性的有效手段。有关机构预计 2025 年、2030 年我国可调节资源潜力将分别达到 8300 万 kW、1.3 亿 kW 左右，相应的理论市场空间可能达到约 400 亿元和 1400 亿元。

本节将对上述的需求侧灵活资源的用能特性、调节特性开展模型研究，并分析和挖掘可调节潜力。

按照负荷特征，将模型分为传统可调节资源与新型可调节资源两类进行分别讨论。

4.2.1 传统可调节资源潜力

传统可调节资源指当前各行业的传统负荷，主要通过需求响应参与电力市场。当前潜在需求响应资源规模较大，实际响应量较少，对于已参与响应的资源已经实现应用尽用。

4.2.1.1 工业负荷

（1）用电特点和调节特性。能够实现需求侧响应的工业用户大致分为以下三类。

一是中小型企业。这类企业负荷量较小，电量使用占比率不高，但是负荷使用方式不古板，较为灵活。可以根据需求侧响应需要的不同，相应安排生产时间。为了减少生产成本，通常将负荷转移到电价低的谷时段进行生产。

二是高耗能的大中型企业。高耗能企业的用电量大，电费占工业生产比重高。这类负荷对电价的波动具有极强的敏感性，响应电价机制的意愿强。可以根据需求侧响应需要的不同对其用电量有相应的转移。这类负荷会对需求侧响应表现出极大的响应，为维护电网供电稳定作出了巨大贡献。

三是上班时间为三班倒制的企业。这类企业多以化工与制版厂等形式出现，负荷具有拥有生产流程、生产时间一定化的特点。可以通过调整产品的生产流程从而使用电躲避高峰时段，但受到产品合格率的限制，对供电质量的要求较高，故能进行可中断的负荷较少。

（2）潜力分析。工业用户因其庞大的规模和高能耗特征，拥有一定的需求响应潜力。这类用户可以通过多种方式调整其能源使用策略，以达到优化效果。调整生产计划是一种常见的策略，例如将能耗较大的生产活动安排在电力成本较低的时段，如夜间。这不仅可以利用电价较低的优势，还能减轻高峰时段电网的负担。

当前工业负荷主要分两类：一类受安全运行约束，本身可调节的空间少；另一类运行成本中电费占总体成本的比例较小，通过需求响应获得的收益相对较小，用户对价格不敏感，本身没有动力参与需求响应。考虑上述情况，工业用电可分生产环节用电以及其他用电，例如工作区空调照明。其中生产环节用电为工业主体用电量的主体部分。该部分与具体生产流程、上下游行情与供应情况强相关。工业负荷的短期调节涉及生产过程中器械的启停，长期调节涉及生产计划的改变例如检修，考虑到器械启停对生产有一定影响，因此对工业负荷调节潜力的考察聚焦在检修环节。

（3）现状分析。将工业负荷按照所属行业划分为冶金、化工、建材、机械四类，对某省 2023 年历史用电数据进行分析，如图 4-1 所示。逐月可调节量、可调节电量平均占比、调节能力比较分别如图 4-2～图 4-4 所示。

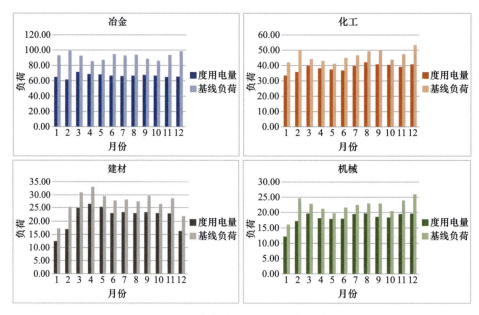

图 4-1　2023 年某省四类工业负荷历史数据

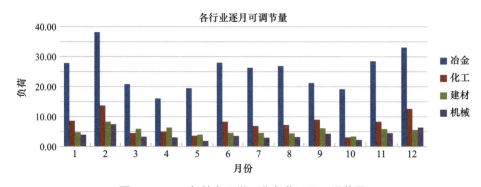

图 4-2　2023 年某省四类工业负荷逐月可调节量

调节电量平均占比

■ 冶金　■ 化工　■ 建材　■ 机械

图 4-3　某省可调节电量平均占比

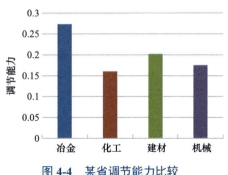

图 4-4　某省调节能力比较

从图 4-2 ～图 4-4 中可以看到，四个行业中，冶金相比其他三个行业，调节量更大，调节能力更强，其余三个行业受总量制约，调节量较小，但其中建材和机械调节能力更强。

为进一步挖掘工业可灵活调节资源，对上述四个行业的生产流程中进行用能分析，重点考察上述四个行业短时间尺度的资源调度潜力。分析工业负荷在缺电时段，即晚高峰时段的负荷需求响应能力。

1）冶金行业。将冶金行业分为熔炼和成型两个阶段。熔炼阶段根据完成要求可以分为两个子集：J^E 阶段需要消耗一定能量；J^T 阶段不消耗能量，基于时间的阶段，完成于最短持续时间相关联。

两个连续阶段之间没有等待时间，因此每个阶段的时间和用能表示为

$$[X_{f,m,j}^k] \Leftrightarrow [t_{f,m,j} \leqslant k\delta t] \quad \forall f, m \in M_f, j, k \tag{4-1}$$

$$[\neg(X_{f,m,j}^k \wedge X_{f,m,j+1}^k)] \Rightarrow [p_{f,m,j}^k = 0] \quad \forall f, m \in M_f, j \in J^E \setminus |J|, k \tag{4-2}$$

其中，第一个逻辑条件将 $t_{f,m,j}$ 映射到响应阶段开始的节点上，第二个逻辑条件用 $p_{f,m,j}^k$ 表示 $[t_{f,m,j}, t_{f,m,j+1})$ 时段的用电量，其余时段为 0。每个阶段都有一个最小用电量 $\hat{E}_{f,m,j}$ 和最短用时 $\hat{\Delta}_{f,m,j}$。

在建模中考虑需求响应导致的阶段延长产生的热量损失，用线性模型进行拟合，估计每个阶段的热损失。

$$E_{f,m,j} = \hat{E}_{f,m,j} \left(1 + \sum_{j'' < j' \leqslant j} \alpha_{f,m,j'} \frac{t_{f,m,j'+1} - t_{f,m,j'}}{\hat{\Delta}_{f,m,j}}\right) \quad \forall f, m \in M_f, j \in J^E \tag{4-3}$$

式中：$\alpha_{f,m,j'}$ 为最小时间条件下为每个阶段确定的系数；j'' 是 j 之前的用能阶段，$j \in J^E$。由此得到基于用能和时间的阶段完成条件

$$\sum_{\kappa \in K} p_{f,m,j}^k \delta t = E_{f,m,j} \quad \forall f, m \in M_f, j \in J^E \tag{4-4}$$

$$t_{f,m,j+1} - t_{f,m,j} \geqslant \hat{\Delta}_{f,m,j} \quad \forall f, m \in M_f, j \in J^E \setminus |J| \tag{4-5}$$

$$t_{f,m,j+1} - t_{f,m,|J|} \geqslant \hat{\Delta}_{f,m+1,j} \quad \forall f, m \in M_f \setminus |M_f| \tag{4-6}$$

使用大 M 法，将两个逻辑条件表示为混合整数线性不等式，即

$$(1 - x_{f,m,j}^k)(1+k) + K_{f,m,j}^{min} \leqslant \frac{t_{f,m,j}}{\delta t} \leqslant x_{f,m,j}^k + (1 - x_{f,m,j}^k) K_{f,m,j}^{max}$$

$$\forall f, m, j, k \tag{4-7}$$

式中：$x_{f,m,j}^k$ 为布尔变量；$K_{f,m,j}^{min}$、$K_{f,m,j}^{max}$ 是考虑了前一阶段和后一阶段的最短完成时间后每个阶段的时间网格的下限和上限。

$$P_{f,m,j}^{min}(x_{f,m,j}^k - x_{f,m,j+1}^k) \leqslant p_{f,m,j}^k \leqslant P_{f,m,j}^{max}(x_{f,m,j}^k - x_{f,m,j+1}^k)$$

$$\forall f, m \in M_f, j \in J^E \setminus |J|, k \tag{4-8}$$

对于连接在同一电源线的炉子有最大可用功率限制

$$\sum_{f \in F_l} \sum_{m \in M_f} \sum_{j \in J} p_{f,m,j}^k \leqslant P_l^{max} \quad \forall l, k \tag{4-9}$$

总功率也有上限

$$\sum_{f \in F} \sum_{m \in M_f} \sum_{j \in J} p_{f,m,j}^k \leqslant P^{max} \quad \forall k \tag{4-10}$$

考虑到炉料融化阶段要比满过热熔融金属飞溅或带电废料溢出，使用 MILP 约束对可行区域建模

$$r^{of}\left(\sum_{k'=1}^k x_{f,m,3}^{k'} \delta t - \hat{\Delta}^{of}\right) \leqslant \sum_{k'=1}^k p_{f,m,3}^{k'} \delta t \leqslant \hat{E}^{sp} + r^{sp} \sum_{k'=1}^k x_{f,m,3}^{k'} \delta t$$

$$\forall f, m \in M_f, k \tag{4-11}$$

式中：r^{of} 和 r^{sp} 分别为溢出和飞溅对应的斜率；$\hat{E}^{sp}$ 为第 2 阶段结束时可能导

致飞溅的最小能量；$\hat{\Delta}^{of}$ 为在不通电的情况下以固定的速率装满炉子所需要的时间。上述参数需要在过程中收集。

成型阶段的铸造包括利用浇筑炉加热和缓冲熔融金属。缓冲区由钢包补充，钢包将一批批铁水从熔炼炉运送到每条浇筑线。这种运输方式可能会受到钢包可用性的限制。

铸造过程的缓冲元件是浇筑炉，这些熔炉是调度层和计划层之间的分界线，因为它们规定了浇筑速度，并将保温体积限制在上限和下限之间。每一时刻，每个浇筑炉的铁水输入—输出平衡限制为

$$v_c^{\min} \leqslant v_c^0 + \sum_{f \in F_c} \hat{v}_f^{k-\Delta\vec{f},c} - \hat{v}_c^k \leqslant v_c^{\max} \tag{4-12}$$

式中：v_c^0 为缓冲区体积；$\hat{v}_c^k$ 是从熔炼炉 f 中提取的进料；$\hat{v}_c^k$ 为截止到 k 时刻的产量；$v_c^{\min}$、$v_c^{\max}$ 是缓冲区的下限和上限；$\Delta\vec{f},c$ 为每个钢包将一批熔融金属从熔化循环 m_f 输送到浇铸线 c 所需的总时间。

在固定的生产率（定义为单位时间内的产量）下，如果产品类型（如模具尺寸）发生变化，则可以改变从缓冲炉浇筑熔融金属的速度。在此，将产品转换和浇筑率改变的情况称为断点，这些断点与中间的浇筑率一起定义了生产线 c 至断点 k 的铸件量的连续价格函数。

$$v_c^k = \sum_{n'=1}^{N_c-1} (\bar{k}_{c,n'+1}(r_{c,n'+1}^{cast} - r_{c,n'}^{cast}) - r_{c,n'+1}^{cast}k)\delta t \quad k \in [\bar{k}_{c,n}, \bar{k}_{c,n+1}) \tag{4-13}$$

式中：N_c 为流水线 c 上有不同速率的间隔数；$k_{c,n}$ 为时间网格上的断电，用来指示流水线 c 上间隔 n 的开始。

对于有多个出铁阶段的熔炉，截至 k 时刻的输送量可表示为

$$\check{v}_{f,m}^k = v^{tl} \sum_{m \in M_f} \sum_{j \in J^{\varphi}} x_{f,m,j}^k \quad \forall f,m,k \tag{4-14}$$

式中：v^{tl} 为钢包有效体积。

根据炉型，若保温时间超过最小值，应重新加热

$$\sum_{k \in K} p_{f,m,j}^k \delta t \geqslant \alpha_{f,m,j} \left(\frac{t_{f,m,j+1} - t_j}{\bar{\tau}_{f,m,j}^{tp}} - 1 \right) \quad \forall f,m,j \in J^E \setminus |J| \tag{4-15}$$

浇筑炉用于保持温度的功率取决于装料量，假定用线性模型模拟相关性，由此估计在 k 时刻保持炉温所消耗的总功率

$$\tilde{p}_c^k = \gamma_c \left(v_c^0 + \sum_{f \in F_c} \sum_{m \in M_f} \check{v}_{f,m}^k - \hat{v}_c^k \right) \tag{4-16}$$

式中：γ_c 为系数，表示将单位体积的熔融液体保持在一定温度范围内所需要的功率。

如果为一条浇筑线服务的运输包数量有限，则必须对其调度进行建模，并将其与出钢时间联系起来。钢包可用性的变化可通过相应出钢阶段的链接二进制来模拟。一旦开始出钢，可用性就会下降一个，只有在 $\Delta_{f,c}^{\leftrightarrow}$ 之后才会恢复，而 $\Delta_{f,c}^{\leftrightarrow}$ 是钢包从熔炉 f 向浇铸线 c 输送一批钢水并返回同一熔炉阵列所需的总时间，包括装载和卸载时间。根据这一概念，可以利用约束条件为钢包总数设定一个上限 L^{max}，即

$$\sum_{c \in C} \sum_{f \in F_c} \sum_{m \in M_f} \sum_{j \in J^{tp}} (x_{f,m,j}^k - x_{f,m,j}^{k-\Delta_{f,c}^{\leftrightarrow}}) \leqslant L^{max} \quad \forall k \tag{4-17}$$

用电紧张时段，炼钢厂参与需求响应，以收益最大化为目标进行优化。

$$\max \lambda R_{q,c} - \Pi(\sum_{q' > q''} \lambda(p_{q',c}^+ + p_{q',c}^-)\Delta T_{bl} - \bar{\lambda}\Delta E_c) \tag{4-18}$$

$$s.t. \sum_{k \in K} \sum_{f \in F_c} \sum_{m \in M_f} \sum_{j \in J^{tp}} \frac{p_{f,m,j}^k}{N_q} \leqslant P_{q',c}^{bl} - R_{q,c} \tag{4-19}$$

$$\sum_{k \in K} \sum_{f \in F_c} \sum_{m \in M_f} \sum_{j \in J^{tp}} \frac{p_{f,m,j}^k}{N_q} = P_{q',c}^{bl} + p_{q',c}^+ + p_{q',c}^- \tag{4-20}$$

$$0 \leqslant R_{q,c} \leqslant P_{q',c}^{bl} \tag{4-21}$$

其他运行约束条件

由此可以得到炼钢厂在用电紧张时段能够提供的需求响应电量。

2）化工行业。化工行业以氯碱为例进行建模分析。

① 电化学模型。电池电压由热力学分量、动力学分量和欧姆分量决定。其中热力学分量由 Nernst 方程控制，用 U_{equ} 表示

$$U_{equ} = U_{rev} + \frac{RT}{2F\alpha} \left\{ \ln\left(\frac{\sqrt{p_{Cl_2}^{ano}}}{C_{Cl_2}^{ano}}\right) - 2.302[14 + \log(C_{OH}^{ano})] \right\} \tag{4-22}$$

式中：U_{rev} 为可逆电池电压；α 为倍增因子；F、R 为常数；P、C、T 分别代表分压、浓度和温度。上述方程式以电解质浓度近似估计离子活性。

动力学分量以电池过电压的形式表示，由 Tafel 表达式表达

$$U_{ovp} = 1.3322 \times 10^{-5}T + 1.3212 \times 10^{-4}T\log\left(\frac{I}{A_e}\right) - \left[0.02 - 0.11\log\left(\frac{I}{A_e}\right)\right] \tag{4-23}$$

式中：T 为温度；$\dfrac{I}{A_e}$ 表示电流密度。

欧姆损耗引起的电压降 U_{ohm} 是与温度相关的单元电阻

$$U_{ohm} = I \times \frac{2.6125 \times 10^{-4} - 1.75 \times 10^{-6}(T - 273)}{A_e} \tag{4-24}$$

最终得到的电池电压 U_{cell} 为

$$U_{cell} = U_{equ} + U_{ovp} + U_{ohm} \tag{4-25}$$

② 物料平衡模型。物料平衡利用化学反应公式计量，氢气与氯气的产生速率相等，用法拉第定律定义为

$$\dot{N}_{H_2}^{cat,out} = \dot{N}_{Cl_2}^{ano,out} = \frac{\eta_F N_c I}{2F} \tag{4-26}$$

式中：η_F 为法拉第效率，式（4-26）表示 N_c 个电池单元堆叠产生的速率。方程假设电解池中没有气体积累，这个假设合理因为在电池工作温度下，两种气体在电解质溶液中的溶解度可以忽略不计。对于阳极室和阴极室，分别给出了电解质中各组分的质量平衡。

电池阳极中氯离子的质量平衡为

$$\frac{dn_{Cl}}{dt} = C_{NaCl}^{ano,in}\dot{V}^{in} - C_{NaCl}^{ano}\dot{V} - 2\dot{V}_{Cl_2}^{ano,out} \tag{4-27}$$

钠离子平衡为

$$\frac{dn_{Na}^{ano}}{dt} = C_{NaCl}^{ano,in}\dot{V}^{in} - \dot{V} \times n_{Na}^{ano}/V - \frac{D_{Na}A_c}{\delta V}(n_{Na}^{ano} - n_{Na}^{cat}) \tag{4-28}$$

$$\frac{\mathrm{d}n_{\mathrm{Na}}^{ano}}{\mathrm{d}t} = C_{\mathrm{NaOH}}^{ano,in}\dot{V}^{in} - \dot{V} \times n_{\mathrm{Na}}^{cat}/V - \frac{D_{\mathrm{Na}}A_c}{\delta V}(n_{\mathrm{Na}}^{ano} - n_{\mathrm{Na}}^{cat}) \qquad (4\text{-}29)$$

氢氧根离子平衡

$$\frac{\mathrm{d}n_{\mathrm{OH}}^{cat}}{\mathrm{d}t} = C_{\mathrm{NaOH}}^{cat,in}\dot{V}^{in} - C_{\mathrm{NaOH}}^{cat}\dot{V} - 2\dot{n}_{\mathrm{Cl}_2}^{ano,out} \qquad (4\text{-}30)$$

系统水平衡为

$$\frac{dn_{\mathrm{H_2O}}^{ano}}{\mathrm{d}t} = (55.56 \times 10^3 - C_{\mathrm{NaCl}}^{ano,in})\dot{V} - \dot{V} \times \frac{n_{\mathrm{H_2O}}^{ano}}{V} + \frac{D_{\mathrm{H_2O}}A_c}{\delta V}(n_{\mathrm{H_2O}}^{cat} - n_{\mathrm{H_2O}}^{ano}) - 0.6\dot{n}_{\mathrm{Cl}_2}^{ano,out}$$

$$(4\text{-}31)$$

$$\frac{dn_{\mathrm{H_2O}}^{ano}}{\mathrm{d}t} = (55.56 \times 10^3 - C_{\mathrm{NaOH}}^{ano,in})\dot{V} - \dot{V} \times \frac{n_{\mathrm{H_2O}}^{cat}}{V} + \frac{D_{\mathrm{H_2O}}A_c}{\delta V}(n_{\mathrm{H_2O}}^{cat} - n_{\mathrm{H_2O}}^{ano}) - 2.3\dot{n}_{\mathrm{Cl}_2}^{ano,out}$$

$$(4\text{-}32)$$

假设电池的体积保持在恒定水平，因此，电解质溶液流入和流出电池室的流量相等。

③ 热模型。假设热容量恒定，能量平衡为

$$N_cn_tC_{pt}\frac{\mathrm{d}T}{\mathrm{d}t} = N_c[\dot{n}_t^{in}C_{pt}^{in}T^{in} - \dot{n}_t^{out}C_{pt}T] - \dot{Q}^{rxn} - \dot{Q}^{evp} - \dot{Q}^{loss} + \dot{Q}^{gen} \qquad (4\text{-}33)$$

式中：C_{pt} 为总热容；$\dot{Q}$ 表示热流；能量平衡基于整个电池堆栈 +1；$[\dot{n}_t^{in}C_{pt}^{in}T^{in} - \dot{n}_t^{out}C_{pt}T]$ 表示循环电解质溶液的显热损失；$\dot{Q}^{rxn}$ 表示整个电池反应产生的能量

$$\dot{Q}^{rxn} = \dot{N}_{\mathrm{Cl}_2}^{ano,out}\Delta H_{rxn} \qquad (4\text{-}34)$$

式中：ΔH_{rxn} 为根据化学物质的形成热计算得到的整个电池反应的焓，整个反应是吸热的。

$$\dot{Q}^{evp} = 0.9 \times \dot{N}_{\mathrm{Cl}_2}^{ano,out}\Delta H_{vap} \qquad (4\text{-}35)$$

$$\dot{Q}^{loss} = \frac{1}{R_t}(T - T_{amb}) \qquad (4\text{-}36)$$

式中：R_t 为电池组的热阻；T_{amb} 为环境温度。

电解系统释放的欧姆热部分为反应提供热量，为

$$\dot{Q}^{gen} = N_cU_{cell}I \qquad (4\text{-}37)$$

④液化装置。液化过程包括干燥氯气的单步压缩，然后使用二氟一氯甲烷进行二级冷却。氯气压缩机是电动的，直接影响工业的总电网负荷。将压缩机建模为单极离心压缩机，将氯气从大气压压缩至 0.3MPa。出口气体温度 T_f 可以用压力 P 和初始温度计算

$$T_f = T_i \left[\frac{P_f}{P_i} \right]^{\frac{n-1}{n}} \tag{4-38}$$

式中：n 选择 1.45，假设气体为理想气体，理论压缩功 $W_{\text{comp}}^{\text{th}}$

$$W_{\text{comp}}^{\text{th}} = RT_i \frac{n}{n-1} \left(\left[\frac{P_f}{P_i} \right]^{\frac{n-1}{n}} - 1 \right) \tag{4-39}$$

式中：R 为以 $JK^{-1}mol^{-1}$ 为单位的气体常量。要计算压缩机的工作速率，$W_{\text{comp}}^{\text{th}}$ 乘以氯产品的摩尔流量减去气态产品的需求量。多相效率 η_{pc} 用 n 和绝热指数 k 表示如下

$$\eta_{\text{pc}} = \frac{(k-1)/k}{(n-1)/n} = 0.92 \tag{4-40}$$

因此，压缩一摩尔干燥氯气所做的实际功为

$$W_{\text{comp}} = 1.086 \times W_{\text{comp}}^{\text{th}} \tag{4-41}$$

⑤ 存储单元。液化器中的液氯被储存在位于传感器上的储存容器中，因此将储存容器建模为一个积分器

$$\frac{dM_s}{dt} = \dot{M}_{\text{in}} - \dot{M}_{\text{out}} \tag{4-42}$$

式中：M_s 为存储的材料总量；$\dot{M}$ 表示摩尔流速。假设液化过程的产品回收率为 99%，则液氯需求量 D_{liq} 的计算公式为

$$D_{\text{liq}} = 0.99 \times (\dot{N}_{\text{Cl}_2}^{\text{ano,out}} - D_{\text{gas}}) + (\dot{M}_{\text{in}} - \dot{M}_{\text{out}}) \tag{4-43}$$

对气态氯的需求 D_{gas} 完全由生产直接提供，没有液化产品蒸发来满足这一需求，即以下情况成立

$$\dot{N}_{Cl_2}^{ano,out} \geqslant D_{gas} \qquad (4\text{-}44)$$

氯碱工艺的需求响应优化旨在寻找一个随时间变化的生产水平曲线，从而在固定的生产时间范围内最大限度地降低电力成本。则优化问题为

$$\min_{I,T^{min},\dot{M}_{in},\dot{M}_{out}} \frac{1}{3600} \int_0^{T_H} E_{price} \times [N_c I U_{cell} + W_{comp} \times (\dot{N}_{Cl_2}^{ano,out} - D_{gas})] \qquad (4\text{-}45)$$

$$\text{s.t. 动态工厂模型}$$

$$\text{需求约束条件}$$

$$\text{运行约束条件}$$

$$M_{s,T_H} \geqslant M_{s,0} \qquad (4\text{-}46)$$

$\dfrac{1}{3600}$ 表示以小时为单位的调度问题和以秒为单位的动态模型之间的时间差异。

3）建材行业。建材行业中水泥制造用能占比最大，分析水泥厂的整个生产流程。现代水泥厂的整个生产线可过粉碎（C）、窑料制备（KFP）、熟料生产（CP）、精磨（FG）4 个子过程进行建模。

每个子进程之间有一个仓库存储每个环节的产物，当系统电力供需短缺时，可以通过结束进程为系统提供灵活性，因此整个生产线的总电能消耗量可以表达为全部子进程之和。

$$\Pi_t^\rho = \sum_{\kappa=1}^K \Pi_t^{\rho,\kappa} \qquad (4\text{-}47)$$

其中，$\tilde{\Pi}_t^{\rho,\kappa} \in \mathbb{R}_+$ 表示子进程的额定耗电量（MWh/ton）。

子进程中的电能消耗可以描述为产出量的函数

$$[\Pi_t^{\rho,\kappa}] = [\tilde{\Pi}_t^{\rho,\kappa}] \times [\bar{\phi}_t^{\rho,\kappa}] \qquad (4\text{-}48)$$

其中，$\bar{\phi}_t^{\rho,\kappa} \in \mathbb{R}_+$ 表示子进程的输出产物（ton/h）。

$$[\bar{\phi}_t^{\rho,\kappa}] = [\eta_t^{\rho,\kappa}] \times [\underline{\phi}_t^{\rho,(\kappa-1)}] \qquad (4\text{-}49)$$

其中，$\eta_t^{\rho,\kappa}$ 表示输出输入比，$\underline{\phi}_t^{\rho,(\kappa-1)} \in \mathbb{R}_+$ 表示仓库 $k-1$ 到子进程 k 的

供应速度。

筒仓的存储状态描述为前一阶段 SOS、输入和产品输出的函数。

$$[\text{SoS}_t^{\rho,\kappa}] = [\text{SoS}_{t-1}^{\rho,\kappa}] + [\bar{\phi}_t^{\rho,\kappa}] - [\underline{\phi}_t^{\rho,\kappa}] \qquad (4\text{-}50)$$

其中，$\text{SoS}_t^{\rho,\kappa}$ 表示筒仓的存储状态，$\underline{\phi}_t^{\rho,\kappa} \in \mathbb{R}_+$ 表示仓库 k 到 k+1 子进程的供应速率。

生产线模型受以下约束条件限制：

首先要保证生产水平满足客户需求

$$\sum_{t=\tau}^{\tau+\tau N} \underline{\phi}_t^{\rho,(\kappa=K)} = \phi_0^{\rho} \qquad (4\text{-}51)$$

每个子过程的生产水平有上下限

$$\bar{\phi}_{min}^{\rho,\kappa} \leqslant \bar{\phi}_t^{\rho,\kappa} \leqslant \bar{\phi}_{max}^{\rho,\kappa} \qquad (4\text{--}52)$$

仓库为下一个子进程提供的产品量有上下限

$$\underline{\phi}_{min}^{\rho,\kappa} \leqslant \underline{\phi}_t^{\rho,\kappa} \leqslant \underline{\phi}_{max}^{\rho,\kappa} \qquad (4\text{-}53)$$

存储容量有上下限

$$\text{SoS}_{min}^{\rho,\kappa} \leqslant \text{SoS}_t^{\rho,\kappa} \leqslant \text{SoS}_{max}^{\rho,\kappa} \qquad (4\text{-}54)$$

工厂考虑日常维修计划、班组约束的基础上，在一天用电高峰时段出现电力短缺的场景下调用水泥厂的可调节资源。

目标函数为

$$\min_{\substack{(\Pi_t^{DA},\Pi_t^{BC} \\ \Pi_t^{\rho},\Pi_t^{SG})}} \begin{bmatrix} \sum_{t=\tau}^{\tau+\tau N} \lambda_t^{DA}\Pi_t^{DA} + \sum_{t=\tau}^{\tau+\tau N}\sum_{\beta=1}^{B} \lambda_{\beta,t}^{BC}\Pi_{\beta,t}^{BC} \\ + \sum_{t=\tau}^{\tau+\tau N}\sum_{\gamma=1}^{H}\sum_{\rho=1}^{\Theta} C_{\rho}^{\gamma}\Pi_t^{SG} \\ + \sum_{t=\tau}^{\tau+\tau N}\sum_{\rho=1}^{\Theta}\sum_{\kappa=1}^{K} \gamma_{t,\rho}^{\kappa} \end{bmatrix} \qquad (4\text{-}55)$$

s.t.

$$\forall t \in T, \forall \rho \in \{\Theta\}, \forall \kappa \in K: \gamma_{t,\rho}^{\kappa} = (\varpi_{t,\rho}^{\kappa} \times \mu_{t,\rho}^{\kappa}) + (\vartheta_{t,\rho}^{\kappa} \times \upsilon_{t,\rho}^{\kappa}) \qquad (4\text{-}56)$$

$$\forall t \in T : \Pi_t^{DA} + \sum_{\beta=1}^{B} \Pi_{\beta,t}^{BC} = \sum_{\rho=1}^{\Theta} \Pi_t^{\rho} - \sum_{\gamma=1}^{H} \sum_{\rho=1}^{\Theta} \Pi_t^{SG,\rho,\gamma} \qquad (4\text{-}57)$$

$$\forall \rho \in \{\Theta\} : \sum_{t=\tau}^{\tau+\tau N} \phi_t^{\rho} = \phi_0^{\rho} \qquad (4\text{-}58)$$

目标函数表示代理重工业用户参与电力市场，考虑日前市场与双边合约，电价分别为 λ_t^{DA} 和 λ_t^{DA}，考虑厂内自有的发电机发电成本，需求响应带来的负荷削减给工厂带来的额外费用为 $\gamma_{t,\rho}^{\kappa}$，包括启停机费用（由 0-1 变量表示启停机），水泥生产一定要满足客户订单需求，目标函数为整体成本的最小化。第一个约束条件表示需求响应带来的成本，第二个约束条件表示供用电平衡，第三个约束条件表示生产量满足订单需求。

4.2.1.2 商业负荷

（1）用能特性与调节特性。商业负荷可以根据负荷同用户行为的关系将楼宇负荷分为四类。

1）固定负荷。固定负荷指运行状态与用户行为无关的负荷，在短期内较为固定。主要包括安全保障措施负荷（消防、通风）、楼宇运行保障负荷（监控、状态监测等）、不间断设备负荷（网络设备、部分照明等）等。

2）用户行为相关负荷。用户行为相关负荷的状态与用户行为直接相关，主要包括办公类负荷，由员工使用办公类电器产生，如计算机、打印机以及会议负荷（投影仪、音响等）。照明负荷，同固定负荷中照明负荷不同，该部分负荷在用户离开后关闭，与用户行为相关。电梯负荷，用户使用时处于运行状态，其余时间处于等待状态。热水负荷，包括饮用热水和生活热水。

3）空调负荷。属于用户行为相关符合范畴，但由于体量大，占比高，需求响应潜力强，且由于室温引入非线性特征，出力特性与其他负荷不同，将空调负荷单独列出进行研究。

4）随机负荷。指因员工加班、人员来访、特殊事件而产生的负荷，该类负荷随机性强，难以预测时间分布。同时由于该类负荷占比低，需求响应潜力较小，因此不进行建模考虑。

上述负荷根据调用方式可以分为两类：

一是智能用电设备负荷。即在传统电器的基础上，利用通信技术与控制手段，构建高效联动体系和管理系统，形成智能楼宇电器设备，将商业负荷需求响应从被动地、人为参与的行为转化为智能行为，提高商业楼宇用电对电力市场的响应效率与经济性。智能用电系统涵盖的对象主要有：灯光照明系统、办公电器设备、电梯系统、热水供应系统等。

二是空调系统负荷。商业楼宇中的空调系统包括空调、中央空调和通风系统。空调负荷的热存储能力强，负荷占比高，需求响应潜力大。

（2）用户行为建模。将商业大楼工作日的日人流量分为三个阶段：第一阶段为上班时段，即员工抵达大楼的时刻分布；第二阶段为工作时段，即员工处于商业楼宇内的办公室段；第三阶段为下班时段，即员工离开楼宇的时刻分布。

不考虑职员上班时间的差异性，抵达大楼的时刻的概率分布可以用正态分布表示。上班那时段人流量分布呈正态分布。不考虑加班的情况下，下班离开大楼的人流量分布近似满足伽马分布。不考虑职员之间差异性的情况下，工作时段单个员工的出行次数符合泊松分布，即

$$P\{X=k\}=e^{-\lambda}\frac{\lambda^k}{k!} \tag{4-59}$$

令计数过程 $\{X(t),t\geq 0\}$ 为离开商业大楼的人次，则离开大楼的人次满足参数 $N\lambda$ 泊松过程，即对任意 $s,t\geq 0$，有

$$P\{X(t+s)-X(s)=n\}=e^{-N\lambda t}\frac{(N\lambda t)^n}{n!} \tag{4-60}$$

大楼的人流量等于进出人次总和，只考虑工作时间内的情况（员工出去以后必然会回来），不考虑上班时间前和下班后员工进出大楼的情况，就可以得到大楼的人流量分布，进而根据上班前员工只进不出、下班后员工只出不进、工作时间外出员工必然回来，外出人员必然离开的原则，可以获得大楼内部人数的分布，如图4-5所示。

由上述人数分布的建模可以得到对用户行为相关的负荷建模。

（3）智能用电设备负荷。

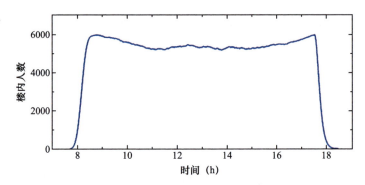

图 4-5　大楼内人数分布随时间变化图

1）照明负荷

$$P_L(t) = \bar{P}_L \times \rho \times N(t) \tag{4-61}$$

式中：$\bar{P}_L$ 为一组灯的平均功率；ρ 为大楼内人数与开灯数量之间的关系系数；$N(t)$ 是 t 时刻大楼内的人数。

2）计算机负荷。计算机负荷与使用者相关，使用状态是从使用者到达工作地点开启一直持续到下班后关闭，由此可以获得计算机负荷。

$$P_C(t) = \bar{P}_C \times N(t) \tag{4-62}$$

式中：$\bar{P}_C$ 为计算机的平均运行功率。

3）打印机负荷。打印机的打印需求负荷泊松分布，打印期间处于固定功率，忽略待机功率，可表示打印机负荷

$$P_P(t) = \frac{t_P \times \bar{P}_P \times N(t)}{3600\lambda} \tag{4-63}$$

式中：t_P 表示打印单张纸张需要的时间，这里取 5s，参数 λ 选择 2000；$\bar{P}_P$ 表示打印机的平均运行功率。

4）会议负荷。会议负荷包括投影仪、话筒、音响等负荷，根据统计数据拟合得到的举行会议的概率符合在工作时段内的泊松分布，则投影仪、话筒、音响等负荷分布满足复合泊松过程，且 $E[X(t)] = \lambda t E[Y_1]$，$D[X(t)] = \lambda t E[Y_1^2]$。则会议负荷可由下式表示

$$P_R(t) = \frac{N_R \times \overline{P}_R \times 90}{60\lambda(t)} \tag{4-64}$$

式中：$\overline{P}_R$ 为单次会议平均功率；N_R 为办公室总数；会议负荷表达式中 $\lambda(t)$ 是变化的，会议在工作时间内完成属于会议负荷，超过下班时间后属于加班，为随机负荷。可以根据泊松分布边界值不超过下班时刻求出要改变的 $\lambda(t)$。

5）热水负荷。热水负荷与使用热水的需求相关，设定单位热水需求量，并将单位热水需求时间记为依次计数，单位时间热水需求次数符合泊松分布，且概率参数 λ 同大楼内人数相关。饮水机负荷可分为无热水使用情况下的基线负荷和有热水使用下的增量负荷，增量负荷与热水需求呈线性关系

$$P_W(t) = P_{W1} + \frac{N(t) \times \overline{Q}_W}{2 \times 60} \tag{4-65}$$

式中：P_{W1} 为热水负荷基线分量；$\overline{Q}_W$ 为单人单次热水需求的负荷量。

6）插座负荷。插座负荷指每个职工使用插座供电电器的情况，这类负荷在一天内的分布随机性较强，随季节变化的趋势不大，且人均负荷较小，简化考虑，将插座负荷看作与大楼内人数线性相关的固定负荷。表示为下式

$$P_{PL}(t) = \frac{N(t) \times \overline{Q}_{PL}}{60} \tag{4-66}$$

式中：$\overline{Q}_{PL}$ 表示单人插座负荷量。

搜集对商业大楼的统计数据，可以得到相关负荷分布参数，由此获得大楼不同负荷的工作日负荷预测曲线。

（4）空调系统负荷。空调负荷对用电稳定性的要求不高，可灵活地调节、转移甚至中断负荷，可以低成本地参与需求响应。另一方面，空调负荷的用电规模较大，覆盖范围广。此外，由于建筑物和空调设备具有一定的热惯性，空调运行功率暂时降低时，室内温度也不会发生显著变化，因此利用空调负荷进行电力需求调节时，可以在不影响舒适度的情况下调节空调运行状态来快速响应电网需求。空调负荷与其他商业负荷相比具有较大的调整空间，可设计灵活多样的调节机制，并且可以方便地拓展所制定的调节机制。

因此，此处分析主要聚焦在空调负荷方面。

在长时间尺度上，空调负荷具有明显的季节性和时段性：在炎热的夏季，空调负荷是导致我国某些地区出现时段性电力紧缺现象的主要原因。同时，空调负荷的用电时段集中，负荷攀升较快，降温负荷急剧增长，使得区域性、短时性的电力紧缺时有发生，严重时可导致系统频率过低，电能质量变差，甚至出现电压崩溃继而引发大面积停电的现象。

在短时间尺度上，空调系统的调节特性体现在其通过智能控制技术实现能效优化和需求响应的能力。例如，现代的智能空调系统可以根据电网的负载情况自动调整运行状态，如在电网负荷高峰时通过提高设定温度减少运行强度，或在负荷较低时进行更积极的冷却。

对空调这类温控负荷进行适当的温度设定值的调整，在某种程度上并不会影响用户舒适度。因此，可以在不影响商业运营的前提下，尝试对空调负荷的合理控制，实现以较小调控成本达到缓解电能供需矛盾的目的。并且，商用空调在夏季占网供负荷比重较大，若在夏季高峰时段对空调负荷进行调控可有效削减电网负荷高峰，产生可观的调控效果。同时，空调系统的智能化和技术进步为降低其能耗和提高电网的整体效率提供了广阔的可能性。随着技术的发展，空调不再仅是增加电网负担的设备，而是变成了能够积极参与电网管理和需求响应的智能系统。

采用一阶 ETP 模型简化表征空调所属房屋的室温变化过程，假设空调处于制冷状态，室内的热动态过程可表示为

$$T_{t+1}^{in} = T_{t+1}^{out} - (T_t^{out} - T_t^{in})e^{-\frac{\Delta t}{R_{ro}C_{ro}}} - \left(1 - e^{-\frac{\Delta t}{R_{ro}C_{ro}}}\right)Q_t^{AC}R_{ro} \tag{4-67}$$

式中：T_t^{in} 和 T_t^{out} 分别为 t 时刻室内与室外的温度；Δt 为 t 时刻到 $t+1$ 时刻的时间间隔；R_{ro} 为空间等效热阻；C_{ro} 为空间等效热容；Q_t^{AC} 为 t 时刻空调制冷量。

空调制冷量与空调能效比相关，即

$$Q_t^{AC} = \eta_t^{AC} P_t^{AC} \tag{4-68}$$

式中：η_t^{AC} 为空调能效比，P_t^{AC} 为空调功率。由此可知，空调要达到预设的室内温度，需要消耗的功率为

$$P_t^{AC} = \frac{T_t^{out} - T_t^{in}}{\eta_t^{AC} R_{ro}} \tag{4-69}$$

由式（4-67）、式（4-68）可知，室温由 T_{set}^0 调高至 T_{set}^{adj} 所需要的时间为

$$t_t^{on} = R_{ro} C_{ro} \ln \frac{T_t^{out} - T_{set}^0 - R_{ro}\eta_t^{AC} P_t^{AC}}{T_t^{out} - T_{set}^{adj} - R_{ro}\eta_t^{AC} P_t^{AC}} \tag{4-70}$$

考虑室内舒适度，室温不能超过上限值 T_{max}，由此得到空调允许关断的时长

$$t_t^{off} = R_{ro} C_{ro} \ln \frac{T_t^{out} - T_{set}^0}{T_t^{out} - T_{max}} \tag{4-71}$$

考虑到可直接参与调度的商场中大多采用中央空调，由总压缩机进行控制，各个房间的温度与其在建筑中所处的位置有关，存在温差，要保证温度最高的房间的温度在温度上限值下，由此得到整个商场空调可以关停的时间

$$t_{t,\ total}^{off} = \min(t_{t,1}^{off}, t_{t,2}^{off}, t_{t,3}^{off} \cdots t_{t,\ i}^{off}) \tag{4-72}$$

式中：$t_{t,\ i}^{off}$ 为第 i 间房屋允许空调关断时长。

根据空调可以停机的时间与电网需要的调度时间 t_{need} 之间的大小关系，可以将商场空调可调节潜力分两种场景进行评价。

1）$t_{need} \leqslant t_{t,\ total}^{off}$ 时：

商场的可调节潜力为

$$\Delta P_t^{AC} = \sum_{i=1}^{N} P_{t,i}^0 \tag{4-73}$$

$P_{t,i}^0$ 为关停空调后对应房间在 t 时段节省的电能。

2）$t_{need} \geqslant t_{t,\ total}^{off}$ 时：

此时空调无法满足调度时长要求，利用微元法将空调群的调度过程分解来具体研究在这个过程中空调集群能够提供的可调节量。

将 N_z 个房间中的独立控制器的调节过程分解为 n 次调控，假设第 n 次调

控的空调数量为 N_n。经过 $t_{t,\ total}^{off}$ 时间后，被关断的 N_1 台空调需要重新启动，此处为了求取最大调节潜力，将重启后的目标温度设为上限值，这批重启的空调集群的平均功率为

$$\overline{P_t^{af}} = \frac{T_t^{out} - T_{max}}{\eta_t^{AC} R_{ro}} \tag{4-74}$$

此时第 2 批空调此时尚未达到温度上限，仍处于关停状态，对应功率为 0，剩余空调未进行调节，仍按照 $\overline{P_t^{bf}}$ 制冷。第一次调控后的空调集群功率即为

$$P_t^{af1} = \overline{P_t^{af}} N_1 + \overline{P_t^{bf}} N_3 + \cdots + \overline{P_t^{bf}} N_n \tag{4-75}$$

以此类推，第 n 次调控后空调集群功率为

$$P_t^{afn} = \overline{P_t^{af}} N_1 + \overline{P_t^{af}} N_3 + \cdots + \overline{P_t^{af}} N_{n-1} \tag{4-76}$$

由此可得到 n 次调控后总体的空调集群功率

$$P_t^{af} = \left[(\overline{P_t^{bf}})^{n-1} \overline{P_t^{af}} + (\overline{P_t^{bf}})^{n-2} (\overline{P_t^{af}})^2 + \cdots + \overline{P_t^{bf}} (\overline{P_t^{af}})^{n-1} \right] \frac{N_z (\overline{P_t^{bf}} - \overline{P_t^{af}})}{(\overline{P_t^{bf}})^n - (\overline{P_t^{af}})^n} \tag{4-77}$$

此时，空调集群最大调控潜力即为

$$\Delta P_t^{AC} = P_t^{bf} - P_t^{af} \tag{4-78}$$

（5）商业可调节资源潜力。作为商业负荷，视觉舒适度、温度舒适度和室内空气质量舒适度是决定楼宇内部环境条件的三个基本因素，在参与需求响应的过程中，室内照明水平与房间的温度应该满足用户的基本需求。由此产生约束条件。

1）视觉舒适度。采用亮度可调节的照明设备后，灯具的功率可以在一定范围内连续变化，照明也随着功率发生变化。室内照明指数可以表示为

$$E(t) = \frac{n \times P_E(t) \times \varphi \times U \times M}{A} \tag{4-79}$$

式中：n 为灯具数量；U 为光源利用率；M 为光源维修系数；A 为房间的照明面积；$P_E(t)$ 为 t 时刻灯具的功率。

视觉舒适度指标由室内照明在用户设定的可接受范围内变化表示

$$D_1(t) = 1 - \left[\frac{E(t) - E_{SET}}{E_{SET}}\right]^2 \qquad (4\text{-}80)$$

式中：$D_1(t)$ 为 t 时刻视觉舒适度；$E(t)$ 为 t 时刻室内光照强度；E_{SET} 为最低室内亮度标准。

2）温度舒适度。温度舒适度指数用室内温度表示，在用户设定的可接受范围内变化

$$D_2(t) = 1 - \left[\frac{T_{room}(t) - T_{SET}}{T_{SET}}\right]^2 \qquad (4\text{-}81)$$

式中：$D_2(t)$ 为 t 时刻的温度舒适度；$T_{room}(t)$ 代表 t 时刻室内温度；T_{SET} 表示设置温度。

由此商业负荷整体优化目标如下

$$\max \sum_{t=1}^{24}[R_{DR}(t) - C_{load}(t)] \qquad (4\text{-}82)$$

式中：$R_{DR}(t)$ 表示商业负荷参与需求响应获得的收益；$C_{load}(t)$ 表示商业负荷的用电成本。

条件如下：

1）功率平衡

$$P_{user}(t) = P_g(t) + DR(t) \qquad (4\text{-}83)$$

式中：$P_{user}(t)$ 表示原始负荷量；$P_g(t)$ 表示购电量；$DR(t)$ 表示用户需求响应量。

2）舒适度约束

$$D_i(t) \geqslant D_{i,set}(t), \forall t, \forall i = 1, 2 \qquad (4\text{-}84)$$

对上述问题进行优化就可以获得用电高峰时段，商业负荷能够提供的可调节资源量。

4.2.2 新型负荷调节潜力

本节主要分析电动汽车充电站和储能负荷两种典型新型负荷。

4.2.2.1 电动汽车充电站

（1）用能特性。电动汽车充电站作为连接电网与电动汽车之间的重要节点，其用能特性显著地受到电动汽车用户行为的影响。主要的能源消耗来自于为电动车辆充电所需的电力。由于日常工作和生活模式的影响，充电需求呈现出明显的时段性特征。典型的高峰时段包括夜间以及工作日结束后几小时内，这时大多数车主会选择为自己的车辆充电，准备第二天的使用。

此外，电动汽车充电站的用能特性也与地理位置、季节变化和电网电价策略密切相关。例如，在商业区或办公区，午后和傍晚可能是充电高峰期；而在居民区，则更可能出现夜间充电高峰。在电价具有时段性差异的地区，充电站运营者可能会调整充电服务的价格，以引导用户在电力成本较低的时段充电。

（2）调节特性。电动汽车充电站的调节特性体现在其能够根据电网的整体负荷调整充电活动的能力。这包括实施时间分散充电策略，例如，通过动态定价激励用户在低峰时段进行充电，或者通过智能充电系统自动调整充电速率和时间。这些策略不仅有助于减少电网在高峰时段的压力，还可以提高充电站的能源使用效率。

进一步的调节技术包括车辆到网（V2G）技术，它允许电动车在不需要行驶时将储存在电池中的电能回馈到电网。这种技术的实施可以极大增强电网的调峰能力，尤其是在需求突然增加或发生主要电源故障时。V2G技术不仅能为车主提供可能的经济收益（通过卖电给电网），也对电网运营商来说是一种高效的能量管理工具。

（3）潜力分析。对比充电站和电动汽车的模型，电动汽车的充放电行为与车主的行程强相关，可建模为带有概率的马尔科夫链。而充电站整体的充放电行为是所有与之相连的电动汽车充放电行为的聚合，作为一个整体的充电站的负荷特征更具有规律性，且这种规律性与充电站所在的位置、所执行的电价策略以及整体电价水平强相关。

充电站的位置决定了其负荷峰谷的时段划分：居民区附近的充电站夜间负荷更多，因为用户往往选择在夜间休息时充电，为第二天出行做准备；商业区或办公区附近的充电站在工作时段的负荷更多，因为用户到达工作地点后电动汽车处于闲置状态，此时可以选择充电。充电站的峰谷电价划分以及电价水平决定了有没有出租车聚集在该充电站的某一时段充电。

充电站的用户可以根据消费目的分为两类，一类视电动汽车为消费品，日常使用电动汽车的目的是作为代步工具，在充电站充电以维持车辆运转；一类视电动汽车为生产工具，如出租车司机，对于他们而言，电动车是生产工具，充电所需要的电费属于生产成本。两类人群的使用目的不同，对电价的反应有较大差别。对于使用电动汽车作为消费品的人群而言，充电是日常消费行为，同时消费者的出行具有一定的规律性，对应的充电地点与充电时间与其出行安排强相关，消费主体因为电费机制改变充电地点以及充电时间的可能性较小。而出租车司机的活动范围相对更广，目的地更具有随机性，充电站的整体电价水平与电价机制对此类人群的影响更大，出租车司机更倾向于在午后充电价格较低的时段将车停在电费更低的充电站充电。因此电动出租车的充电行为相比消费者更具有调节潜力。

若无法获得充电车辆所属类别的详细信息，可以在获得充电站整体负荷曲线后，根据不同场景下曲线的差值对两类负荷进行估测。对于消费者，工作日与假期的出行有较大差异，而出租车司机相比而言出行更为规律，没有工作日与假期的差别。通过对比工作日与假期同一时段充电站负荷，可以估测消费者的规模。出租车司机受电价影响较大，对应的充电负荷可视为可整体转移的负荷，消费者则受个人意愿影响，可调节量乘以一个小于 1 的系数。

将充电站负荷分为基荷和可调节负荷两部分，其中基荷指电动汽车消费者的负荷曲线，该部分特征与充电站的位置有较大关系。可调节负荷则指出租车司机对应的负荷曲线，该部分特征与充电桩所执行的价格机制以及整体电价水平相关。两类曲线叠加最终行的曲线就是充电站的负荷曲线。电动汽车集群可调节潜力量化思路如图 4-6 所示。

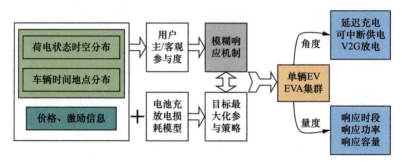

图 4-6   电动汽车集群可调节潜力量化思路图

通过数据拟合获得充电站内电动汽车的充电特征，在考虑用户参与度，讨论电动汽车用户客观参与需求响应能力和主观参与意愿的基础上考虑价格激励政策。

电动汽车的物理约束与储能装置类似，t 时刻电池剩余电量为

$$E_{ESS,t} = E_{ESS,t-1} - P_{ESS,t}\Delta t\eta \tag{4-85}$$

式中：$P_{ESS,t}$ 为 t 时刻电动汽车的输出功率；η 为电池充放电效率。

$$\eta = \begin{cases} \eta_c & 充电 \\ 1/\eta_d & 放电 \end{cases} \tag{4-86}$$

考虑充电站接入的节点变压器产生的功率约束，为避免出现单一充电功率过大的情况，考虑配电网的实际运行情况，增加配电网节点变压器约束，即

$$P_{T,k,i} \leqslant S_{k,i.max} \tag{4-87}$$

客观响应能力可采用 0-1 变量表示

$$K_{m,t,s} = \begin{cases} 1 & A/B \\ 0 & C \end{cases} \tag{4-88}$$

A 表示剩余电量充足，在可以保证后续用电需求的前提下参与需求响应。B 表示需求响应时段内电量不能满足未来用电需求，但是在当前充电站内的驻留时间较长，参与响应后依然有足够的时间补充必要的电量。C 表示电动汽车当前没有参与相应的能力。

$$\begin{cases} A: & 0 < \rho_{m,t}^{adj} \leqslant 1, 0 < \rho_{m,t}^{v2g} \leqslant 1 \\ B: & 0 < \rho_{m,t}^{adj} \leqslant 1, 0 < \rho_{m,t}^{v2g} \leqslant 1 \\ C: & \rho_{m,t}^{adj} = 0, \rho_{m,t}^{v2g} = 0 \end{cases} \tag{4-89}$$

对应约束条件中，A、B 充/放电系数在 0 到 1 之间，C 的充放电系数为 0。考虑客观响应能力和多个影响因素的用户主观参与度可表示为：

$$\rho_{m,t} = f(x_{m,t,1}, x_{m,t,2}, \cdots, x_{m,t,k} | K_{m,t,s}) \tag{4-90}$$

x 表示影响用户主观参与决策的因素，如当前剩余电量、剩余驻留时间、当前电价等，可采用一定的模糊规则表示。整个充电站的可调节充电功率与可参与放电的功率即为全部接入充电站的电动汽车的总和

$$\begin{cases} A_{i,t}^{adj} = \displaystyle\sum_{m \in A_i} \rho_{m,t}^{adj} P_m^c \\ A_{i,t}^{v2g} = \displaystyle\sum_{m \in A_i} \rho_{m,t}^{v2g} P_m^d \end{cases} \tag{4-91}$$

4.2.2.2 储能负荷

（1）用能特性。储能系统，特别是电池储能，扮演着电力系统中的关键角色，其主要用能特性在于能量的存储与释放。这种系统可以在电力成本较低的时候（通常是需求低谷时段或者可再生能源产出高峰时段）储存大量能量，并在成本高或需求高峰时段有效释放这些能量。这不仅帮助平衡电网的负荷，还能优化电力资源的使用效率。

储能系统特别适用于管理可再生能源的波动性，如风能和太阳能，这些能源的产出不稳定且难以预测。通过储能系统，可以缓存过剩的可再生能源产出，在无风或日照不足的时段补充电网供电，从而减少对传统化石燃料发电的依赖。

（2）调节特性。储能系统的调节特性体现在其提供的极高灵活性和快速响应能力。这些系统能够在几秒至几分钟内从完全充电到完全释放状态转换，这种快速响应能力对于电网调频和紧急响应尤为重要。例如，当电网频率偏离正常范围时，储能系统可以迅速释放能量以稳定频率，或者在频率过高时吸收多余能量。

此外，储能系统还可以利用电力市场的峰谷差价。在电价低谷时储存能量，并在电价高峰时释放能量，从而实现经济效益的最大化。这种策略不仅为储能系统运营者带来经济回报，也助力电力市场的价格稳定。

在电网运行中，储能还可以作为紧急备用能源，特别是在大规模电力中断或重要基础设施故障时，储能系统能够提供关键的备用电力，保证关键设施和服务的连续运行。这一点对于医院、数据中心等关键性行业尤为重要。

（3）潜力分析。储能负荷通过其独特的用能和调节特性，不仅提高了电力系统的运行效率和经济性，还显著增强了电网的稳定性和可靠性。随着技术的进步和成本的降低，预计储能系统将在电力网络中发挥越来越重要的作用。

对于储能装置的建模已经较为常见，如下

$$\alpha_t P_{es}^{ch,min} \leqslant P_{es,t}^{ch} \leqslant \alpha_t P_{es}^{ch,max} \tag{4-92}$$

$$\beta_t P_{es}^{dis,min} \leqslant P_{es,t}^{dis} \leqslant \beta_t P_{es}^{dis,max} \tag{4-93}$$

$$0 \leqslant \alpha_t + \beta_t \leqslant 1 \tag{4-94}$$

$$E_t = \begin{cases} Se0, t = 0 \\ E_{t-1} + P_t^{ch} - P_t^{dis}, t > 0 \end{cases} \tag{4-95}$$

$$Se \times SOC_{min} \leqslant E_t \leqslant Se \times SOC_{max} \tag{4-96}$$

在用电紧张时段，储能装置即可根据电价情况调节自身充放电状态，提供调节资源，获取相应收益。

4.3 聚合商参与需求响应的市场机制设计

随着电力市场的进一步成熟，相关技术不断发展，传统与新型资源依托先进的通信与控制技术推动了新型配售电方式的产生，新型经营主体逐渐参与市场。以聚合商为例进行分析。

4.3.1 聚合商特性分析

多能源整合：聚合商聚合并代理多种能源参与电力市场，其核心用能特性体现在对多种能源的高效利用和管理上。这些公司不仅处理传统的电力、热能和气体，还可能涉及太阳能、风能等可再生能源，形成一个复杂的能源供应网络。

实时监控与分析：在操作上，聚合商通常利用先进的数据分析和能源管理系统，实时监控能源消耗情况和成本变化，以最佳的价格执行能源购买和使用。

能源存储与调度：具体来说，聚合商在能源需求低谷期间积极购入廉价能源并存储起来，如通过电池存储电能或储存热能等。而在高峰时段，则通过动态调整能源供应策略，如减少外部能源购入，优先使用存储的或是自产的能源，来应对高价时段的能源需求，从而达到成本节约和能效最大化。

在国家双碳政策的引导下，能源领域低碳转型不断发展，市场对碳减排、绿电消费的需求逐渐增加。各省市电力市场建设的推进推动了相关行业对能源管理的需求。生产技术、运营方式的创新催生出新型配售电业务的产生。各项需求推动了聚合商的产生。

聚合商代理聚合资源的调节特性主要体现在其能够根据电网的实时需求调整能源供应的能力。这种能力不仅限于简单的增减能源输出，还包括更为复杂的能源管理和优化策略。例如，通过热电联产系统，聚合资源能在提供电力的同时，有效利用热能，增强系统的总体能效。此外，可再生能源的集成使得聚合商能够在适宜的气候条件下最大化这些能源的使用，同时减少系统对化石燃料的依赖。

在高需求时段，聚合商可以减少所聚合的资源对外部电网的依赖，转而利用内部储能设施释放能量，或是调高自产能源的产量。这种灵活的调整不仅有助于平衡内部能源需求，也对外部电网形成支持，特别是在电力供应紧张或价格高涨的时刻。

4.3.2　市场机制设计

（1）净负荷结算方式。如图 4-7 所示，净负荷结算方式下，电力市场、聚合商与资源形成两级资源结算框架：在聚合资源集群内部，聚合商与聚合资源之间发用电量的计量与结算依然按照传统的方式，各自在接入点设置计量仪表，测量实际发用电量；而电力市场与聚合商之间则需确定一个或多个计量节点，该节点即为聚合商聚合资源实际接入电网节点，只是各时段聚合商的上网电量按照该节点实际上网电量计量，即发电量减去用电量得到的值，数值为正时聚合资源集群向电网送电，价格按照该节点边际电价计算；数值为负时聚合资源集群受电，价格按照区域用户节点价格计算。

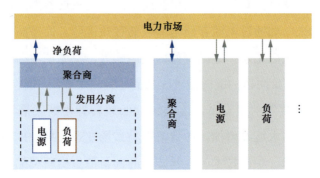

图 4-7　净负荷结算方式结构图

即在某一时段聚合节点上，聚合商向聚合资源支付的费用为

$$R_{dis} = P_g \times Q_g - P_c \times Q_c \tag{4-97}$$

市场运营机构向聚合商支付的费用为

$$R_{con} = \begin{cases} P_g \times (Q_g - Q_c) \\ P_c \times (Q_g - Q_c) \end{cases} \tag{4-98}$$

由此得到聚合商从中赚取的差价

$$R_{con} - R_{dis} = \begin{cases} (P_c - P_g) \times Q_c \\ (P_c - P_g) \times Q_g \end{cases} \tag{4-99}$$

该部分差价的产生是由于电力市场单产品市场下供需价格不匹配[8]，属于电力市场形成的不平衡资金。在不存在聚合商这类经营主体前，没有经营主体可以获得该部分收益，而聚合商可以利用拥有两侧资源的优势获得该部分收益。

当电网存在阻塞，不同节点之间有电价差，导致用户节点电价与资源所在的边际节点电价有差异，才能有收益的可能性。若系统本身无阻塞，各个节点电价相同，就不会有上述问题，也没有下面的讨论。我国幅员辽阔，地区经济飞速发展，资源丰富但分布不均，电网建设难以充分满足用电需求，存在电网阻塞情况，适用于当前的讨论。在此基础上进一步分析公式，讨论聚合商对资源的选择以及运营策略。

（2）聚合商运营策略建模。聚合商在聚合可再生资源与负荷后，通过投资改造终端设备，建设运营平台，使负荷具有一定的调节能力。通过预测聚合的可再生能源次日出力，对用户用电行为进行调整，使进入现货市场的负荷需求与聚合的可再生能源尽量平衡，尽可能降低各时段的净负荷，即

$$min\left|P_t - \alpha \times load - load_{de} + load_{in}\right| \tag{4-100}$$

在报价策略方面，考虑当前聚合商规模较小，接受现货市场价格，不进行报量报价。结算时以各时段的实际出力情况进行结算。聚合商与电网之间按照净负荷的方式，某时段对外送电时，按照聚合电源所在节点的电价结算，某时段从电网购电时，按照用户平均电价进行结算。

（3）下层目标函数。下层模型为系统出清模型，目标为在尽量降低弃风弃光的基础上实现社会效益最大化，在不考虑负荷报量报价的前提下，社会效益最大化等同于购买各类电源所需的费用最小化，如图 4-8 所示。

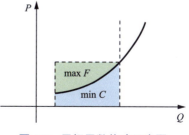

图 4-8　目标函数构建示意图

$$min F = \sum_{t=1}^{24}\left[\sum_{k=1}^{3}\left(\sum_{gi=1}^{2}(\lambda_{t,k}^{gi} \times p_{t,k}^{gi}) + \lambda_{t,k}^{b} \times p_{t,k}^{b} + \lambda_{t,k}^{w} \times p_{t,k}^{w}\right)\right.$$
$$\left. + puni_1 \times (P_t^{lw} + P_t^{ls}) + puni_2 \times P_t^{loss}\right] \tag{4-101}$$

式中：$\lambda_{t,k}^{g1}$、$\lambda_{t,k}^{g2}$、$\lambda_{t,k}^{b}$、$\lambda_{t,k}^{w}$ 分别为各类资源的各段报价；$p_{t,k}^{g1}$、$p_{t,k}^{g2}$、$p_{t,k}^{b}$、$p_{t,k}^{w}$ 分别为各类资源的出清量；$puni_1$ 为弃风弃光的单位惩罚量；$puni_2$ 为失负荷的单位惩罚量；P_t^{lw}、P_t^{ls} 分别为风电与光伏的弃风弃光量；P_t^{loss} 为单位时间的失负荷量。

（4）约束条件。

1）火电机组：

出力约束为

$$p_{kmin}^{gi} \leqslant p_{t,k}^{gi} \leqslant p_{kmax}^{gi} \tag{4-102}$$

分段报量约束

$$P_t^{gi} = \sum_{k=1}^{3} p_{t,k}^{gi} \tag{4-103}$$

总出力约束

$$P_{min}^{gi} \leqslant P_t^{gi} \leqslant P_{max}^{gi} \tag{4-104}$$

爬坡约束

$$\left| P_t^{gi} - P_{t-1}^{gi} \right| \leqslant R^{gi} \tag{4-105}$$

2）储能装置出力约束为

$$u_t^{ch} + u_t^{dis} \leqslant u_t^{bat} \tag{4-106}$$

$$P_t^b = \sum_{k=1}^{3} p_{t,k}^b \tag{4-107}$$

$$0 \leqslant P_t^b \leqslant u_t^{dis} \times P_e \tag{4-108}$$

$$0 \leqslant P_t^{bch} \leqslant u_t^{ch} \times P_e \tag{4-109}$$

容量约束为

$$E_t = \begin{cases} Se0, t = 0 \\ E_{t-1} + P_t^{bch} - P_t^b, t > 0 \end{cases} \tag{4-110}$$

$$Se \times SOC_{min} \leqslant E_t \leqslant Se \times SOC_{max} \tag{4-111}$$

3）风电出力约束为

$$P_t^w = \sum_{k=1}^{3} p_{t,k}^w \tag{4-112}$$

$$0 \leqslant P_t^w \leqslant pw_t \tag{4-113}$$

弃风弃光约束为

$$0 \leqslant P_t^{lw} \leqslant pw_t \qquad (4\text{-}114)$$

$$0 \leqslant P_t^{ls} \leqslant ps_t \qquad (4\text{-}115)$$

4）失负荷约束为

$$0 \leqslant P_t^{loss} \leqslant load_t^i \qquad (4\text{-}116)$$

（5）网络约束

$$P_t^{bus} = M_g \times P_t^g + M_b \times (P_t^b - P_t^{bch}) + M_w \times (P_t^w - P_t^{lw}) + \\ M_s \times (P_t^s - P_t^{ls}) - load_t + P_t^{loss} \qquad (4\text{-}117)$$

$$P_t^{bus} = B \times \theta \qquad (4\text{-}118)$$

$$P_t^f = \frac{\theta_i - \theta_i}{X} \qquad (4\text{-}119)$$

$$P_{min}^f \leqslant P_t^f \leqslant P_{max}^f \qquad (4\text{-}120)$$

上述目标函数与约束条件组成了下层优化模型，以社会福利最大化为目标，求解各电源的最优出力，用来模拟市场出清行为。上述模型为混合整数模型，将其松弛化后，可以每个节点的节点边际电价，记为λ_i。

（6）模型结构。模型为双层优化模型，上层包括两类经营主体，一是传统火电机组，按照现货市场要求报价出清；二是聚合商，通过两阶段的资源聚合以及优化调度获得更高的收益，第一阶段基于对现货价格的估计，寻找更有优势的节点，优化聚合资源的种类与规模，第二阶段是在日前市场上进行资源调度，以获得更大收益。

下层模型以系统运行成本最小化为目标进行出清。由于本模型涉及储能装置，目前难以将下层模型求对偶，转为单层问题。因此采用迭代的方式逐渐逼近最优解，即可得到聚合商参与现货市场运行的聚合与运行优化策略。

4.4　本　章　小　结

本章分析了需求侧可调节资源的类型与特点、发展现状并对其发展潜力展开研究。在对传统负荷与新型负荷可调用资源潜力量化的基础上，研究聚合商在现货市场稳定运行阶段中，参与电能量市场的相关机制，探索需求侧可调节资源参与市场的意义，致力于更好地帮助地区需求侧可调节资源的建设和发展。

参考文献

[1] TIMPLALEXIS C, ANGELIS G F, ZIKOS S, 等 . A comprehensive review on industrial demand response strategies and applications[M]. IET Digital Library, 2022.

[2] RAMIN D, SPINELLI S, BRUSAFERRI A. Demand-side management via optimal production scheduling in power-intensive industries: The case of metal casting process[J]. Applied Energy, 2018, 225: 622-636.

[3] OTASHU J I, BALDEA M. Demand response-oriented dynamic modeling and operational optimization of membrane-based chlor-alkali plants[J]. Computers & Chemical Engineering, 2019, 121: 396-408.

[4] GOLMOHAMADI H, KEYPOUR R, BAK-JENSEN B, 等 . Robust Self-Scheduling of Operational Processes for Industrial Demand Response Aggregators[J]. IEEE Transactions on Industrial Electronics, 2020, 67(2): 1387-1395.

[5] 周晓 . 需求响应在大型智能商业楼宇能量管理中的应用研究 [D]. 华中科技大学 , 2020[2024-09-20].

[6] 曾庆彬 , 梁伟强 , 张勇军 , 等 . 考虑多重轮换调控的空调负荷调控潜力评估与控制策略 [J]. 电力系统自动化 , 2024, 48(4): 123-131.

[7] 陈丽丹 , 张尧 , ANTONIO FIGUEIREDO. 电动汽车充放电负荷预测研究综述 [J]. 电力系统自动化 , 2019, 43(10): 177-191.

[8] 荆朝霞 , 容语霞 , 王一凡 , 等 . 电力市场不平衡资金综述：成因、对策与展望 [J]. 电网技术 , 2023, 47(9): 3586-3600.

5

促进电－碳－绿证市场协同发展的衔接机制

5.1　电－碳－绿证市场概述

5.1.1　电－碳－绿证市场基本概念

绿电市场交易是依托电力市场中长期交易框架下开展的提供绿色电力消费的独立交易品种，其交易标的为绿电。其绿电兼有电能量价值和减排价值，且两种价值不可拆分交易。电力用户与绿色电力发电商可在绿色电力供应范围内通过绿电交易建立认购关系，达成电能量和绿证的交易结果，可通过电网企业供电或通过代理购电两种方式。绿电交易通过市场化交易手段，将可再生能源发电企业直接与需求侧用户连接起来，有效推动了可再生能源利用的规模扩大和绿色发展。

碳市场中的碳排放权交易是指碳排放主体能在规定的时间和空间内，以配额的形式获得碳排放权，并将碳排放权作为商品进行交易的一个过程。碳排放权交易通过碳定价原则，也称"污染者付费"原则，将排放的负外部效应内部成本化，形成市场化碳价格，为处理经济发展与减排关系难题提供了一种解决方案。此外，参与碳市场的经营主体还可以通过购买CCER完成碳配额考核。

绿证市场是一种金融性的交易，其以绿证为交易标的。绿证现大致分为以下两种：可交易绿证、不可交易绿证，可交易绿证现存平价绿证、补贴绿证、绿电交易下的绿证（简称为绿电绿证）三种。当前只有可交易绿证能在注销前可进行一次交易。同时在负荷侧，用户需要绿证来完成可再生能源电力消纳权重考核指标，并且还有部分用户自愿获取绿证来满足自我可再生能源发展目标等。

5.1.2 电－碳－绿证市场交易凭证

电－碳－绿证多元市场的交易凭证从其作用可以大致分为以下两类，一类是完成可再生能源电力消纳保障制考核需求的绿色电力证书，另一类是完成碳市场履约需求的碳配额和 CCER，其考核周期常以年计。具体如图 5-1所示。

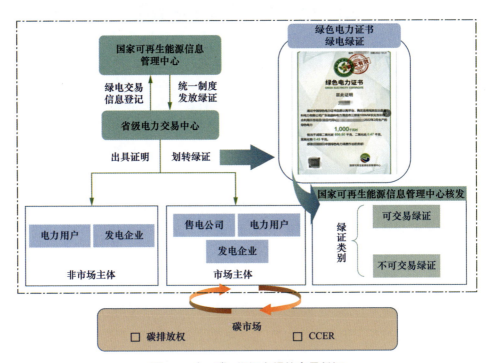

图 5-1　电－碳－绿证市场的交易凭证

图 5-1 所提及的交易凭证具体内容如表 5-1 所示。其中，绿证减排贡献明确，呈现"证电分离"、交易灵活的特点，但当前市场仍不可二次交易；碳配额则是参与交易的经营主体受限，当前纳入的仅有传统发电行业，而CCER 发放流程长且成本高。交易凭证明晰的特点与定义为各市场协同建设打下了较好并轨基础。

表 5-1 交易凭证信息

交易凭证	计量方式	需求来源	核发单位
绿色电力证书	电力表计，1 个绿证对应 1MWh 绿色电力	自愿和消纳权重考核	国家可再生能源信息管理中心
碳排放权	碳排放量监测、报告、核查（MRV），单位 tCO_2e	碳市场履约	生态环境部及地方主管部门
CCER	基于基线情景的碳减排量（MRV），单位 tCO_2e	碳市场履约（抵消上限 5%）和自愿	发改委办公厅

5.2 电 - 碳 - 绿证市场建设历程及问题分析

5.2.1 电 - 碳 - 绿证市场建设概况

为了保护生态环境和改善能源结构，近年来，中国积极推动可再生能源发展，在绿色低碳转型方面已取得显著成效。我国推动这一转型的重要市场机制包括绿电交易、绿证交易和碳排放权交易。绿电、绿证市场和碳市场的建设更是将电力价值从单纯的电能量价值拓展到了环境价值，从市场发挥的功能而分，促可再生能源电力消纳市场包括了绿电市场、绿证市场等，而控制温室气体排放的市场为碳市场，将当前已开展的体现电力环境价值的市场分为了促进可再生能源电力消费和控制温室气体排放两类。

（1）绿电市场。2021 年 9 月，我国正式批复了《绿色电力交易试点工作方案》（发改体改〔2021〕1260 号），该文件进一步加快推进了绿电交易工作有序开展。在 2022 年 1 月和 5 月，由广州、北京电力交易中心分别发布的《绿色电力交易实施细则》（京电交市〔2022〕24 号），细化了绿电交易的组织和绿色证书划转等方式和流程。2024 年 8 月，国家发展改革委、国家能源局联合印发了《电力中长期交易基本规则—绿色电力交易专章》发改能源〔2024〕1123 号，该政策保障绿色电力交易更加统一化、规范化、常态化运行，使绿色环境价值在多元化电力商品价值体系中进一步凸显。同年 9 月，北京电力交易中心也以《绿色电力交易实施细则》为基础，对绿电交易实施细则进行了修订，明确了绿色电力环境价值不纳入峰谷分时电价机制以及力调电费等计算。

绿电交易方式分为：电力直接交易和由电网企业代理购买。其中，绿电直接交易主要面向省内市场，交易双方可通过双边协商、集中撮合和挂牌等方式达成交易量和交易价格，能够实现绿电供需的精准匹配。而由电网企业代理购买的方式，是在无法满足绿色电力消费需求的特殊情况下可以使用，主要方式为集中竞价（电网代理保障性申报量价）、挂牌交易（电网代理保障性挂牌量价）及省间交易（电网代理省内购电需求）等方式进行。省间市场化交易可通过市场机制实现绿电的优化配置，一方面能扩大绿电交易区域；另一方面还能培养全国范围内绿电购买意识。绿电交易方式如图 5-2所示。

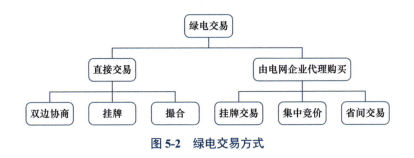

图 5-2 绿电交易方式

（2）碳排放权市场。碳排放权交易是通过法律界定、人为建立起来的政策性市场，碳排放权交易利用市场机制控制和减少温室气体排放、推动绿色低碳发展的重大制度创新，2011 年，国家发展改革委批准了北京、天津、上海、重庆、广东、湖北、深圳 7 地的交易试点，并于 2013 年起陆续启动上线交易。2021 年 7 月 16 日，全国碳市场上线交易正式启动，纳入发电行业重点排放单位 2162 家，年覆盖约 45 亿 t 二氧化碳排放量。同时，2024 年 8月，国务院印发《加快构建碳排放双控制度体系工作方案》（国办发〔2024〕39 号），提出建立能耗双控向碳排放双控全面转型新机制，清洁能源消费得以"豁免"，客观上为绿电绿证与碳市场的发展提出更高要求。

截至 2024 年 12 月 31 日，已连续运行 1263 天，配额累计成交量 6.30 亿 t，累计成交额 430.33 亿元，平均交易价格 68.3 元 /t。其中，大宗协议交易占比 83%，挂牌协议交易占比 17%。已完成第一个履约周期（覆盖 2019 年和

2020 年排放量）、第二个履约周期（覆盖 2021 和 2022 年排放量）以及 2023 年度的配额清缴。同时，在 2023 年，CCER 备案和减排量签发重启工作的推进取得重大突破。同年 10 月，生态环境部联合市场监管总局正式印发并施行了《温室气体自愿减排交易管理办法（试行）》（生态环境部、市场监管总局令第 31 号）[6]，标志我国温室气体自愿减排的项目备案和交易重启迈出了关键一步。11 ～ 12 月，各相关主管部门完善了 CCER 重启的规则体系。2024 年 1 月 22 日，CCER 正式在北京重启，全国统一的 CCER 注册登记和交易系统正式开始运行。

（3）绿证市场。2024 年，随着《关于促进非水可再生能源发电健康发展的若干意见》（国能综通新能〔2024〕124 号）的正式发布，绿证交易正式与配额制结合，我国正式开始实行配额制下的绿证交易。2023 年 8 月，我国发布了《关于做好可再生能源绿色电力证书全覆盖工作促进可再生能源电力消费的通知》（发改能源〔2023〕1044 号），该文件进一步拓展了绿证的应用范围和核发范围，并着重强调了绿证作为可再生能源电力消费的唯一凭证。2024 年 1 月，国家发布了《关于加强绿色电力证书与节能降碳政策衔接大力促进非化石能源消费的通知》（发改环资〔2024〕113 号），该文加强了与节能降碳管理、碳排放核算、产品碳足迹等方面的衔接协调。2024 年 8 月，国家能源局关于印发《可再生能源绿色电力证书核发和交易规则》（国能发新能规 67 号）进一步规范可再生能源绿色电力证书（GEC）的核发和交易，维护各方合法权益。

绿证交易的平台主要为两个主要部分，一是中国绿色电力证书交易平台，二是北京电力交易中心、广州电力交易中心两个区域级机构。67 号文表示当前，正在积极探索拓展至国家认可的其他交易平台。交易方式包括双边协商、挂牌、集中竞价三种，且相关交易信息应实时同步至核发机构。同时，为防止绿证炒作，当前绿证仅可交易一次。

5.2.2 电 - 碳 - 绿证市场建设问题

随着电力市场化的不断推进，我国电力市场化改革已取得显著成就，但推进社会绿色低碳转型的绿电市场、绿证市场和碳市场建设还存在问题。

（1）绿电市场。在绿电市场建设方面。我国绿电交易市场当前仍还处于初级阶段，绿电交易作为绿色电力市场的核心机制之一，仍以自愿参与为主。其一，市场建设存在的问题就是绿电市场交易机制不完善，现有交易模式效率不高、责权不清；其二，电力用户当前仅基于政府引导和价格信号，参与绿电交易。然而，企业对绿电消费的观念尚未达到主动消费的阶段，未形成较强的清洁能源消费意识，同时对电能替代等绿电消费倡导的重视程度不足。

（2）碳排放权市场。全国碳市场存在履约驱动现象，企业仅为满足政策要求而进行碳配额交易，自发交易意愿不强，导致碳市场交易活跃度不高。此外，碳市场覆盖行业相对单一，目前仅覆盖发电行业，钢铁、化工等高耗能行业尚未纳入其中，限制了碳减排政策全面发挥作用。最后，在市场机制衔接上，碳市场尚未对企业所购买的绿色电力进行碳排放量抵扣核算，这将可能导致企业重复承担环境成本，从而不利于引导电力需求端的购电决策。

（3）绿证市场。绿证市场与绿电市场一致，当前仍以自愿认购为主。第一，绿证市场规则并未完全体现绿证的价值，市场上绿证需求侧潜力未充分释放，用户对绿证价值认可度低，市场供大于求的局面尚未得到改善。这使得我国绿证的认购主体通常仅仅是出于履行企业社会责任，提升企业社会形象和影响力或承担节能减碳责任等原因。第二，绿证市场还存在供需双方信息不对称、交易机制不够灵活便捷的问题，再加上由于绿证的价格比较昂贵，存在容易重复计算的风险以及追踪制度不完整等所造成的国际认可度不足的现象，不少外向型的世界五百强公司虽有认购意愿，但最后还是会选择国际绿证的购买途径。

5.3 电‑碳‑绿证市场协同发展规划和实施路径

电‑碳‑绿证市场是我国当前推进经济社会绿色低碳转型和双碳目标实现的三个主要市场。从当前全国范围的建设情况而言，三市场的协同发展既具有必要性，也具备一定协同运作的现实条件。本节主要分析各市场协同建设存在的问题，提出市场协同发展的建设方向和策略，为推动电－碳－证市场高效衔接提供理论支撑。

5.3.1 电－碳－绿证市场协同建设方向规划

（1）协同建设问题分析。为加快规划建设新型能源体系，政策指出要深入推进能源生产和消费革命，促进可再生能源高质量发展。我国正在深入实施绿色低碳转型战略，当前可再生能源发电装机容量迅速增长，利用量逐年上升。但是，随着装机规模和占比的不断提升，电力行业的未来发展将面临电力系统安全、绿色电力消纳、电力市场经济运行等多重挑战。

总的来说，当前市场协同建设问题主要体现在绿色电力蕴含的绿色低碳价值尚未实现在各市场间完全体现和有效衔接。当前，由于绿电与绿证关系不清晰、电力市场与碳市场的运行相对独立等原因，以及依托电力市场的绿电市场交易机制与绿证市场、碳市场的交易机制还存在衔接不足的问题，市场协同建设难以灵活体现出这部分价值。此外，绿证尚未纳入碳市场相关核算体系，也尚未形成统一的电－碳市场核算标准。

在加强电力市场、绿证市场与碳市场的协同衔接发展方面，亟须坚持三个市场协同的环境目标先导，使政府能够通过市场机制优化配置电力和环境资源，以最优的成本实现经济社会高质量发展与生态环境高水平保护的协调，并亟须有效解决当前市场协同的电－碳－绿证市场顶层设计逻辑耦合深度不够和各环境权益产品之间尚未有效衔接等问题。

（2）协同建设方向。在"十四五"时期，可再生能源发展机遇和挑战并存。要牢牢把握新时代新能源大规模、高比例、市场化、高质量发展特征，在提高规模化发展和绿电、绿证、碳市场发展水平上下大功夫，持续推进可再生能源高质量跃升发展。因此，在电－碳－绿证市场的协同建设方面，第一应始终坚持市场主导，融合发展，不断完善各市场规则，充分发挥市场配置资源决定性作用和可再生能源成本竞争优势，推进绿电、绿证、碳交易市场发展衔接，形成促进新时代可再生能源高质量发展的强大合力；第二应不断强化绿证的绿色电力消费属性标识功能，以绿证为桥梁理顺不同环境价值认证体系，健全以绿证为基础的核查、计量标准和认证体系；第三应充分做好绿色证书、电能量和碳排放权等市场商品绿色价值的衔接，将原分属不同市场体系下的环境权益商品，进行衔接联通，以加速不同市场体系协同发展。

5.3.2 电－碳－绿证市场协同建设实施路径

（1）完善并规范电－碳－绿证市场规则建设。电－碳－绿证市场建设呈现"牵一发而动全身"的特点，为避免市场建设"头重脚轻"，需要加速推进各市场的市场化建设，完善相关市场规则，舒缓新能源消纳压力的同时，做好碳排放量与新能源消纳协同的基础保障。

针对绿色电力市场，需加速完善绿电交易。一方面需以市场化方式体现电力商品的绿色价值，另一方面以此引导用户侧绿色电力消费，以协同发展的系统思维，将绿电交易的经营主体从目前为光伏、风电的发电侧扩展到符合条件的水电等可再生能源；和目前为售电公司、电力用户的用电侧逐步扩大到电动汽车、储能等新兴主体。

针对碳市场，应有序扩大碳排放权交易的行业覆盖范围，将石油、钢铁、水泥等高耗能行业纳入市场交易主体，提高碳排放权交易市场的活跃度，从原本的发电企业范围拓展到电力用户层面；此外，会导致电力市场和碳市场均衡点均会受到免费碳配额过松或过紧的影响，从而产生偏移，使得碳价无法有效激励减排，所以还需持续完善配额分配政策，在恰当时候引入有偿分配，提高有偿分配比例，激励终端用户主动发挥节能减排作用。

针对绿证市场，绿证市场规则应着重体现绿证的价值，在机制建设上加快绿证国际互认进程，提升中国绿证的国际影响力和认可度。同时，为刺激用户的绿证购买需求，避免用户市场决策过于谨慎，和有效促进市场长期发展和提高活跃度。绿证市场建设应逐步探索建立以用户交易账户为关键点的绿证二级市场，促进各市场的协同发展。

（2）健全以绿证为基础的核查、计量标准和认证体系。在电－碳－绿证市场协同发展实施路径拓展中，需要深度挖掘电力、绿证等数据对碳排放核查计量的支撑作用。支撑作用一方面体现在电－碳－绿证市场交易数据的核查体系建设上，另一方面体现在三市场的计量技术和追踪监控管理分析平台的建立上。此外，在协同发展发挥数据传递作用方面，还应结合全国碳市场相关行业修订完善的核算技术规范，深入研究将绿电交易实现的减排效果核算到相应用户的最终碳排放结果中，或者将绿电消费从源头上不纳入碳排放配额的认证体系构建，进而提升全社会消费绿色电力的积极性，促进市场协同发展。针对认证体系，还需深入考虑在碳排放权与消纳量考核下用电成本重复计算的问题，即当用户使用大比例火电时，有可能导致碳排放、消纳量两方面的未达标，而付出更多的用电成本；同理，若用户大比例用绿色电力，便会从某种程度上减少双重的成本支出。故在可再生能源消纳权重考核下，推动碳排放权市场和绿电市场建设应更加注重协调发展衔接。其中，消纳量市场本质上是对火力发电外部成本的市场定价，用市场化手段核定单位消纳凭证的价值，故为实现减排价值的统一，将绿证与消纳量并轨，还可将绿证作为消纳权重机制中唯一"证电分离"交易标的。

（3）构建电 - 证 - 碳市场环境价值互认衔接机制。为避免环境权益在不同市场被重复计算和交易，需加速研究构建电 - 证 - 碳三市场环境价值互认衔接机制，避免减排贡献重复计算的问题。因此亟须合理简化电力市场、绿证市场、碳市场、消纳市场的交互流程，建立基于碳减排效果的互认体系，鼓励社会主动参与绿能使用。

一方面，需要进一步处理环境权益产品覆盖范围重合等问题，例如，在绿证 3.0 时代下，可考虑将 CCER 的备案范围转移至林业碳汇、甲烷利用等领域；同时另一方面，梳理绿电、绿证交易与超额消纳量交易之间存在以绿证为基础的交易凭证功能被重复计算的问题，应以绿证为基础构建交易凭证功能协同机制，建立绿证与绿电交易的融合，在基础市场建设上保证绿证与绿电核发项目一致，同时实行绿电交易"证电合一"，绿色证书交易"证电分离"，且在绿电绿证上注明"证电合一"。另一方面则要加强绿证交易与绿电交易过程监督，降低市场主体履约风险。又可以进一步考虑各交易凭证的分管部门不同，功能协同机制需明确环境产品追踪及核算规则的互联，并以此建立绿色价值流通规则，加强市场信息交互渠道。

5.4 计及协同痛点的电-碳-绿证市场衔接模型

在前文所述的电-碳-绿证市场协同发展存在的痛点和协同发展策略的基础上，本节电-碳-绿证市场的衔接机制围绕以下三个方面展开：一是电-碳-绿证市场间耦合关系，二是基于系统动力学的各市场衔接的交互机理，三是以绿证为统一可再生能源电力环境价值交易标的基础上的市场环境价值衔接方式。

5.4.1 电-碳-绿证市场的耦合关系

从当前经济发展角度出发，大规模电能需求可能会反向加剧能源结构高碳化。因此，在保障经济发展的电能需求剧增下，电能需求与碳排放耦合的内在逻辑亟待通过绿色电力进一步理顺。在电能需求与碳排放需求的耦合逻辑中绿色电力和绿色电力证书承担着破局者的角色。基于市场基本概念可知，电-碳-绿证市场的耦合关系主要体现在交易时间和交易数量两方面。

第一，电力市场、绿证市场和碳市场在交易时间上耦合。电力市场和绿证市场、电力市场和碳市场在交易时间层面存在耦合关系。首先，虽然电力市场和绿证市场独立运行，但是电力市场的交易尺度主要为中长期、现货，绿证市场没有明确的交易尺度，其绿证生成数量与电力中长期、现货市场的交易量相关，因此两者在交易时间尺度相适配。其次，电力市场和碳市场的时间耦合主要体现在市场交易环节、配额清缴环节两方面。在市场交易环节上，因传统能源发电商和可再生能源发电商在碳配额交易环节可以自由进行碳配额的售出和购买，且传统能源发电商不会因考核期内累计的实际碳配额超过初始碳排放配额而受到发电限制。故传统能源发电商无须实时匹配超出的碳配额，即可以尽可能在碳价的低谷时段购入碳配额；但传统能源机组在碳市场履约周期结束的碳配额清缴环节需要缴纳该周期全年发电量总和折算的等额碳配额，如果发电商的碳配额量不足以抵减实际的碳排放量，则需要承担一定考核惩罚。综上所述，电力市场、绿证市场和碳市场在交易时间层面会形成更为复杂的耦合关联关系。

第二，电力市场、绿证市场和碳市场在交易数量上耦合。首先，电力市场交易的真实数据可以作为绿证市场、碳市场交易的基础数据。其次，在绿证市场中，国家绿证核发机构根据新能源在电力市场中的实际出清量实现绿证核发，可再生能源发电商可通过出售绿证获得收益。同时可再生能源发电商自身持有的绿证可以选择在绿证市场中进行交易，也可以选择进行绿证留存，在绿证市场中交易获得的绿证和留存的绿证可以在碳市场中兑换为碳配额参与碳市场交易。最后，在碳市场中，碳排放计量表记录了传统常规能源发电商实际的碳排放量，在电力市场完成出清后，若传统能源发电商实际碳排放量小于持有的碳排放配额，则传统能源发电商可以将碳配额进行出售以获取利益；若传统能源发电商实际碳排放量大于持有的碳排放配额，传统能源发电商需要在碳市场中购买碳配额。

5.4.2 电－碳－绿证市场的协同交互机理

（1）电－碳－绿证市场的相互作用影响。电－碳－绿证市场等市场空间发展步调不一致，在消纳责任权重和碳配额的双重考核下，电能量交易、绿色电力证书交易、碳排放权交易市场，以其特定条件下更高的资源分配效率更灵活的实施方式和更低的政策成本，对传统的排放税、上网电价补贴等机制形成有效补充。从市场运作机理看，电力市场，碳市场、绿证市场对电力用户用电成本产生的影响和作用均不一致。特别地，碳市场的作用在于调整电源结构、推动碳减排；绿证市场的作用在于使可再生能源发电企业通过售出绿证获得额外收益，驱动新能源装机投资，促使市场中的绿色电力供应增加。

一方面，碳市场会增强了清洁能源在电力市场中竞争力，同时迫使电力市场中低效、高排放的燃煤机组降低发电量，而低排放甚至零排放清洁能源机组发电量将增加。另一方面，消纳量和绿色证书也可以通过计算得到对应的减排贡献，两市场间的衔接呈现必然性，但主要问题是目前碳市场覆盖行业的电力间接排放较少，可供扣减的凭证非常有限。此外，绿色证书市场与碳排放权市场均是实现可再生能源电力环境正外部性内在化的有效途径，这两个独立运行的市场会产生环境成本重复计量问题，碳排放权与消纳量考核也在一定程度上存在重复奖惩的问题，因各市场相互作用影响，协调衔接面临着碳减排价值的统一。故需要合理简化电力市场、绿证市场、碳市场、消纳市场的交互流程，建立基于碳减排效果的互认体系，鼓励社会主动参与绿能使用。

（2）协同交互机理因果环路构建。在"双碳"目标下，碳市场、绿证市场等一系列不同排污权交易模式不断开展，各市场间通过市场机制的作用深刻影响经营主体决策，又通过价格联动和供需关系等产生交互协同。

在可再生能源消纳保障机制下，碳市场与绿证市场通过"抵消碳配额"方式寻求协同发展，用绿色电力所含的环境价值抵消相应碳排放，避免电力消费者承担双重环境成本。由于碳市场与绿电市场发挥的市场作用不同，两市场的交易结果将会影响发电企业的决策，特别地，其电价与碳价相互关联，可以通过发电量和碳配额等中介变量实现市场状态的协调交互。同理，绿证市场的供需关系影响绿电市场的电力需求进而影响电价，从而影响经营主体的决策。图 5-3 为电－碳－绿证市场衔接交互机理的因果环路图。

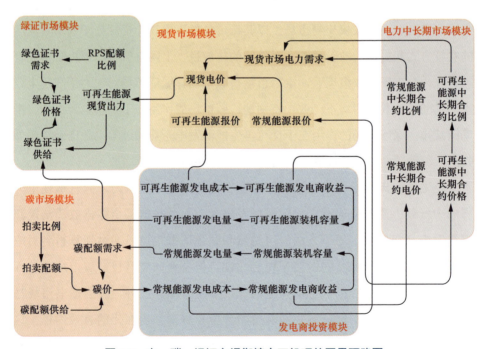

图 5-3　电－碳－绿证市场衔接交互机理的因果环路图

图中主要包括 5 个子模块：电力中长期市场模块、现货市场模块，碳市场模块、绿证市场模块及发电商投资模块。可再生消纳权重决定了绿色证书需求量，绿色证书供给曲线主要受可再生能源的中长期合约比例及现货市场出力影响。绿色证书供需数量关系影响绿证价格，绿证价格越高，可再生能源发电商收益越高。同时，碳配额拍卖比例及常规能源发电量直接影响碳配额的需求量，从而引起碳价波动，影响常规能源发电商的收益。发电商的单位收益变化及发电成本共同影响发电商的现货报价及中长期合约价格和比例。

5.4.3　电 - 碳 - 绿证市场交易凭证的衔接模型

（1）绿色电力消费与 CO_2 排放量的衔接方法。为促进可再生能源电力消费信号与碳减排信号协同，市场衔接需要明确以绿证为基础的交易凭证背后所代表的减排权益归属，即在加强以绿证为代表的多元市场与碳市场协同时，一方面要明确绿证与 CCER 环境权益产品的准入机制，另一方面则需要完善统一规范的碳减排量核算机制，在绿证核发与认购范围拓展基础上，在绿证上标明可再生能源消费类别，助力绿证所含碳减排信号向碳市场传导，提高碳核算准确性。

由于新能源上网全部信息均有绿证记载，新能源供电的碳减排大小可定量计算，即为：火力发电时生产 1kWh 电所产生的碳排放量值与新能源发电生产 1kWh 电所产生的碳排放量的差值。因此在核算企业购电产生的碳排放时，可以直接在碳市场市场主体的净购入电量中减去净购入绿色电量，并且按现有电网碳排放因子体系核算用户侧企业大规模购买电量的碳排放。

$$E_{m_j} = (E_j - E_{g_j}) \cdot EF \qquad (5\text{-}1)$$

式中：E_j 为主体 j 总消费电量；E_{g_j} 为主体 j 绿电消费量；EF 为原排放因子，其值可因地制宜地选择为区域或全国碳排放因子等。

（2）绿色电力证书与 CO_2 排放量的衔接方法。目前，我国绿证交易尚未采取强制交易制度，绿证交易当前仍处于自愿阶段。从减排效果出发，可抵碳排的碳产品 CCER 与绿证功能具备等效性，都能够通过电能替代等方式推动碳减排。所以市场衔接应对 CCER、绿证等产品所涉主体范围重合等问题明确准入机制，在绿证核发主体实现全覆盖的前提下，可适当考虑减少 CCER 的备案范围与绿证覆盖范围的重合度。

在电－碳－绿证市场协同发展的第二阶段，以类似绿电与 CO_2 衔接的方式，将绿证在证明碳减排量与碳排放量核算两方面的内容进行联系。因此从市场衔接的角度考虑，可认为购买绿证等效于完成了绿色电力消费，即产生了减排效益。因此在碳排放抵扣时，可以将绿证与绿色电量产生的效果等同。但需要注意重复计算的问题，需要做好绿证监管工作。在具体的衔接计算上，可以先将绿证等于同等规模的绿色电力消费，然后再根据上文所提到的方法，从总消费电量中扣除绿电，以量化其碳减排效益，从而为主体提供购置绿色电力证书的碳减排证明。同时，为保障绿色电量得到实质性的消纳，需规定绿证抵扣上限。及绿证衔接约束为：其允许抵扣量应不超过电力间接碳排放总量，如下式所示

$$\sum(Q_{res} + Q_{rec}) \leqslant Q_w \qquad (5\text{-}2)$$

式中：Q_{rec} 为绿证在碳核算中抵扣的排放量；Q_{res} 为可再生能源（电量）消纳量在碳核算中抵扣的排放量；Q_w 为温室气体间接排放总量。

5.5　本　章　小　结

新型电力系统是构建新型能源体系和实现"双碳"目标的基础支撑，电力市场、碳市场、绿证市场协同衔接是实现新型电力系统市场化运行的必然路径，电力市场、绿证市场与碳市场的协同衔接是我国打造统一的要素和资源市场不可或缺的条件。目前，市场建设正在不断完善，使得电－碳－绿证市场具备协同运作的现实条件，但电－碳－绿证市场协同发展还存在诸多瓶颈，例如：电－碳－绿证市场顶层设计逻辑耦合深度不够和各环境权益产品之间尚未有效衔接等问题。故亟须从市场的角度出发，推进绿电、绿证、碳交易市场发展衔接，加速建立电力市场、碳市场、绿证市场的衔接机制，形成促进新时代可再生能源高质量发展、市场协同降碳减排的强大合力，并有

效调动用户消费绿色电力的积极性。

为此，首先分析了全国电－碳－绿证市场的建设历程及存在的问题，并结合了"十四五"规划等政策文件，分析出当前电－碳－绿证市场协同建设存在的问题，并指出了市场协同的建设方向。

其次，提出了"完善并规范电－碳－绿证市场规则建设""健全以绿证为基础的核查、计量标准和认证体系""构建电－证－碳市场环境价值互认衔接机制"三步走的协同发展实施路径。

随后，以绿色电力的环境价值属性为电－碳－绿证市场耦合衔接的关键，从交易时间和交易数量梳理了电－碳－绿证市场间的耦合关系。并基于系统动力学的原理，分析了电－碳－绿证市场的相互作用影响，构建了涵盖中长期市场模块、现货市场模块，碳市场模块、绿证市场模块及发电商投资模块的各市场交互的因果环路。

最后，基于电－碳－绿证间的交互机理，提出了市场建设情况的电－碳－绿证市场环境价值衔接机制，内容主要包括以下两方面："绿色电力与 CO_2 排放量的衔接方法"和"绿色证书与 CO_2 排放量的衔接方法"。

参考文献

[1] 中华人民共和国国家发展和改革委员会 . 关于做好可再生能源绿色电力证书全覆盖工作促进可再生能源电力消费的通知 [EB/OL].(2023-08-03). https://www.ndrc.gov.cn/xxgk/zcfb/tz/202308/t20230803_1359092.html.

[2] 中华人民共和国国家发展和改革委员会 . 锚定"双碳"目标，绿色电力交易方案蓄势出台——《绿色电力交易试点工作方案》解读 [EB/OL].(2021-09-28). https://www.ndrc.gov.cn/fggz/fgzy/xmtjd/202109/t20210928_1298058.html?state=123.

[3] 中华人民共和国国家发展和改革委员会 . 关于印发《电力中长期交易基本规则—绿色电力交易专章》的通知 [EB/OL]. (2024-08-23).https://www.ndrc.gov.cn/xwdt/tzgg/202408/t20240823_1392553.html.

[4] 北京电力交易中心有限公司文件 .《北京电力交易中心绿色电力交易实施细则（2024 年修订稿）》的通知 [EB/OL]. (2024-09-14). https://www.piinfo.com.cn/uploads/tinymce/images/5253d8d07207436a130718e8f6e3e14e66ea9c3a48caa.pdf.

[5] 中华人民共和国中央人民政府 . 国务院办公厅印发加快构建碳排放双控制度体系工作方案 [EB/OL]. (2024-08-02). https://www.gov.cn/yaowen/liebiao/202408/content_6966094.htm.

[6] 中华人民共和国生态环境部 . 温室气体自愿减排交易管理办法（试行）[EB/OL]. (2023-10-19).
https://www.mee.gov.cn/xxgk2018/xxgk/xxgk02/202310/t20231020_1043694.html.

[7] 国家能源局 . 关于做好可再生能源绿色电力证书全覆盖工作促进可再生能源电力消费的通知 [EB/OL]. (2023-07-25). https://zfxxgk.nea.gov.cn/2023-07-25/c_1310735434.htm.

[8] 中华人民共和国中央人民政府 . 关于加强绿色电力证书与节能降碳政策衔接大力促进非化石能源消费的通知 [EB/OL]. (2024-01-27). https://www.gov.cn/zhengce/zhengceku/202402/content_6929877.htm.

[9] 中华人民共和国中央人民政府 . 关于印发《可再生能源绿色电力证书核发和交易规则》的通知 [EB/OL]. (2024-08-26). https://www.gov.cn/gongbao/2024/issue_11626/202410/content_6978630.html.

[10] 尚楠 , 陈政 , 冷媛 . 电碳市场背景下典型环境权益产品衔接互认机制及关键技术 [J]. 中国电机工程学报, 2024,44(07):2558-2578.DOI:10.13334/j.0258-8013.pcsee.222704.

[11] 陈巍 , 江岳文 . 碳 - 绿证 - 电量市场耦合交易优化研究 [J]. 电网技术, 2023,47(06):2273-2287.DOI:10.13335/j.1000-3673.pst.2022.1793.

[12] 尚楠 , 陈政 , 卢治霖 , 等 . 电力市场、碳市场及绿证市场互动机理及协调机制 [J]. 电网技术, 2023,47(01):142-154.DOI:10.13335/j.1000-3673.pst.2022.0375.

[13] 中华人民共和国中央人民政府 . 关于促进非水可再生能源发电健康发展的若干意见 [EB/OL]. (2020-01-02).https://www.gov.cn/zhengce/zhengceku/2020-02/03/content_5474144.htm.

6

助推新型电力系统低碳转型的建议与展望

6.1 政 策 建 议

6.1.1 新能源参与市场适应性策略

推动新能源参与电力交易是新能源发展的必然趋势，也是电力市场改革的重要方向。通过参与电力交易，新能源可以更加高效地利用市场手段提升经济效益、推动系统转型成本疏导、促进新能源消纳和优化资源配置。同时，这也为新能源产业和电力产业的持续发展注入了新的动力，有助于激励新能源产业健康长效发展。结合本书主要研究内容，为了进一步推动新能源有序参与电力市场，提出如下政策建议：

（1）推进中长期交易连续运营，提高市场交易频次效率，满足新能源曲线形成与调整需要。设计中长期连续开市、多品种融合、标准化合约买卖的连续运营机制，增加交易频次、缩短交易周期，使得经营主体可以结合自身预测更加灵活地选择交易窗口，持续调整自身交易曲线，避免一次性签订长周期交易曲线带来的风险，为经营主体主动调整偏差提供有效手段，确保与现货市场的协同运营。完善新能源参与中长期交易的曲线形成机制、偏差调整与考核机制，实现新能源偏差责任的市场化定价以及对火电调峰的合理补偿。

（2）推动新能源有序参与现货交易，逐步过渡到更细的市场颗粒度、更短的结算周期。

在现货试点省，新能源按照统一规则参与现货市场，完善日前、日内集中出清时，新能源申报曲线参与出清的具体方式。初始阶段，新能源企业可作为价格接受者，自行申报出力预测曲线，在满足系统安全、网络约束和电力平衡的基础上，作为现货市场出清的边界条件，保障新能源优先消纳。伴随现货市场逐步完善后，由新能源企业自行申报电力－价格曲线，有序提高新能源以报量报价方式参与现货市场交易的比例，借助变动成本低的优势，实现优先调度，推进现货市场全面运行后多类型品能电力同台竞价、差异化出清机制建设。

（3）强化实时平衡市场机制设计与新能源入市收益保障机制设计。细化设计平衡市场，建立完善平衡机制，更好地满足新能源波动特性对电力供应实时平衡提出的更高要求。现货试点地区，通过现货市场处理中长期交易曲线与实际负荷之间的偏差，按照现货价格对偏差电量进行结算，保障电力系统的实时平衡；非现货试点地区，以保障电力系统实时平衡为原则，按照调度运行规范进行电力生产安排，与中长期交易的偏差电量，按照中长期交易规则处理。为了提升新能源参与市场交易的积极性，前期可探索政府授权差价合约机制进行市场化收益兜底，中后期可伴随现货市场机制的完善探索市场化差价合约的方式实现风险分担。

（4）充分发挥电力交易平台作用，引导分布式发电市场交易有序开展。分布式交易可依托全国统一电力市场交易平台的功能模块或者基于区块链技术的经营主体终端应用平台等开展。在第一种模式下，分布式电源所在地区可依托省级电力交易中心设立市（县）级电网区域分布式发电交易平台子模块，由交易平台负责按月对分布式发电项目的交易电量进行结算，电网企业负责交易电量的计量和电费收缴。在第二种模式下，需与交易机构、调度机构形成交易电量确认及交易校核的衔接。

6.1.2 低碳转型成本疏导策略

新能源大规模高比例接入电网成为必然趋势，未来新能源装机容量将持续增加，在解决新能源平稳消纳问题的过程中，其波动性、间歇性使得电力系统将在生产、输送和消纳等环节中产生一系列新增成本，实现电力系统更稳定、安全、绿色运行需要转型成本。因此，有必要提出结合电力系统运行情况的适应性低碳转型成本增量疏导策略，服务于新型电力系统低碳转型的进一步建设。

当前，针对新能源并网所带来的一系列低碳转型成本，已通过辅助服务市场、需求响应、分时电价等举措实现了低碳转型成本的疏导，但是随着新能源占比的进一步增加，面临的系统低碳转型成本还将进一步增加，亟须在现有市场化疏导基础上进一步研究增量成本的疏导方法。基于此，针对新能源高渗透率对系统安全稳定运行造成的成本增量，在现有市场化低碳成本疏导的基础上，进一步研究在发电侧和用户侧的疏导策略。

6.1.2.1 发电侧成本疏导策略：分布式与集中式新能源同等参与成本疏导策略

（1）分布式新能源消纳问题分析。目前某省份新能源光伏可开放容量持续减少，大部分地区分布式光伏装机容量逼近或超过电网承载力范围，同时，与集中式新能源已经参与深调等辅助服务费用分摊不同，分布式光伏作为新能源新增的主要电源之一，目前享受固定电价、全额上网和保障性收购，不参与分摊辅助服务费用、政府性基金及附加其他运行成本等，与集中式新能源权责不对等。

分布式光伏的大规模并网消纳对系统安全稳定运行以及系统运行成本都带来了较大的影响，通过参与市场公平合理地承担系统安全成本已是大势所趋。基于此根据"谁引起，谁解决"的原则，逐步将分布式新能源纳入经营主体疏导范围，与集中式新能源场站同等参与低碳转型成本疏导。

（2）分布式新能源参与系统安全运行成本增量疏导策略。现行价格机制主要以激励分布式发展为目的，有一定程度的政策倾斜，随着分布式发展规模逐渐扩大，分布式的商业逻辑将发生改变，需向更科学合理、权责对等的方向发展，逐步承担起相应的电价波动风险及疏导相应的系统安全运行成本增量。提出了分布式参与系统安全运行成本增量疏导的具体方法。具体疏导方法如下，由于发电侧的波动性主要来自于风电、光伏等波动性电源，且某省新能源装机已接近火电机组成为全省第二大电源，建议按照分摊比例K=2:3在火电和新能源之间进行分摊，同时，在新能源参与成本增量分摊内部，集中式新能源与分布式新能源同等进行分摊。最后，针对分布式和集中式新能源共同疏导的系统安全运行成本增量部分，再根据分布式新能源各时

段的上网电量进行计算，得到各个分布式经营主体需要承担的系统安全运行成本增量计算公式为

$$R_{ren}^i = k_1 \times k_2 \times \left[\frac{P_{ren}^i}{\left(\sum_{i=1}^{N} P_{ren}^i + \sum_{j=1}^{M} P_{ren}^j \right)} \right] R_{total} \qquad (6\text{-}1)$$

式中：R_{ren}^i 表示分布式新能源 i 的分摊费用；R_{total} 为结算周期内总的系统安全运行成本增量；k_2 为发电侧常规机组和新能源机组分摊比例；k_2 取 0.5；P_{ren}^i 为分布式新能源 i 在结算周期内的上网电量；P_{ren}^j 为集中式新能源场站 j 结算周期内的上网电量；N 为分布式新能源场站数；M 为集中式新能源场站数。

6.1.2.2 用户侧成本疏导策略：计及用户承受能力的最小化成本疏导策略

高比例新能源下保障电力系统安全稳定运行的成本已经在一定程度上向工商业用户疏导，目前工商业用户已经参与包括机组启停和空载运行费用、辅助服务费用、抽水蓄能容量电费等系统运行费用的疏导。因此，在用户侧积极参与电力系统低碳转型的过程中，前中期成本疏导主要还是以工商业用户为主，但随着新能源渗透率以及系统安全运行成本费用的增加，后期可以进一步考虑将系统安全稳定运行成本也向居民用户疏导，充分考虑用户承受能力将系统成本最小化疏导至居民用户。对此，提出了针对居民用户最小化成本疏导的两种疏导策略。

（1）居民阶梯电价按年计量转变为按月计量。居民用电近年来随着生活水平的提高和家庭电气化水平的提升保持一定增长趋势，特别是空调、电动汽车等负荷对系统安全稳定运行造成了较大影响。当前及未来，度夏关键时段居民负荷占比 50% 和降温负荷占比 50% 将成为常态。为兼顾不同居民承受能力，既保证大多数居民用户的电价维持稳定，又能实现用电量多的居民用户按需公平负担电费，居民用户执行的是阶梯电价，阶梯电量等级按照年用电量进行划分，按月进行计量与结算。

以某省为例，目前其居民阶梯电量是按年用电量进行计量，即年度用电

量 0～2160kWh 执行第一挡电价，用电量 2161～3120kWh 执行第二挡电价，用电量 3121kWh 及以上执行第三挡电价。依照年用电量进行计量就造成用户对电能的稀缺性感知不足，没有充分发挥出电价的调节作用。如大部分用户度季时因年用电总量还没有达到二三挡，电价处在较低的第一挡水平，但是此时却是一年中系统供电压力最大的阶段，居民空调、电动汽车等负荷激增导致了电力系统的运行压力加大，安全稳定运行的成本大幅增加。因此，为减少系统安全运行成本，可以考虑将年度阶梯电量分解到月，将按年计量的模式转变为按月计量。居民用户可以根据当月用能情况，进一步调整自身用电行为，既缓解电网安全运行的压力，减少系统安全运行成本，又有效调动了负荷侧资源参与响应保障了系统安全稳定运行。

（2）三阶居民用户适当减少工商业交叉补贴。居民空调等用电负荷的激增对系统的安全稳定造成了巨大的冲击。目前国家实施"以工补民"政策，维持居民低电价，居民用户没有承担起相应系统安全稳定运行的责任。因此，为缓解工商业用户承担压力将系统安全运行成本疏导至居民用户侧，可以适当让承受能力相对较强的三阶居民用户承担自身用电成本，同时减少工商业用户交叉补贴。

三阶居民用户参与承担相应的系统安全运行成本，缓解工商业的补贴压力，需要测算出工商业用户对于三阶居民用户的补贴总金额，后续再结合其承受能力将这部分补贴成本按照一定比例疏导至三阶居民用户。交叉补贴总金额可以通过不带补贴和带交叉补贴的度电成本与用电量求得。

居民空调、电动汽车等负荷的激增造成了系统安全运行成本的增加，因此居民用户也应该承担相应的系统成本。在求得工商业对三阶居民补贴总费用的基础上，可以结合用户的承受能力将该部分费用适当疏导至三阶居民用户，让其也参与承担系统安全运行成本，同时缓解工商业用户承受压力。

6.1.3 推进需求侧资源参与电力市场

（1）明确资源权责归属、完善管理制度框架。尽管国家层面已经出台了《电力需求管理办法》，但针对需求响应的具体规划、市场参与机制、技术标准等方面的要求仍不够详细，亟须进一步细化和强化。目前，需求侧响应在成本分摊上缺乏合理的机制，补贴资金来源主要依赖政府，且受限于资金规模，需求响应难以实现规模化和常态化发展。

因此，未来的需求响应发展应从以下几个方面进行完善：

明确权责归属：进一步明确需求响应建设相关的权责划分，确保不同利益主体的职责清晰。

加强顶层设计：出台更为细致、全面的政策，确保需求侧响应的长效机制落地。

补贴资金多元化：探索多元化的资金来源渠道，完善补贴资金疏导机制，避免过度依赖政府资金。

区域协调与合作：加强区域间协调，推动跨区域电力资源优化配置，提升整体能源系统的灵活性与效率。

（2）完善市场机制设计、推动需求侧资源参与市场。当前，由于缺乏有效的激励机制和市场意识，用户参与需求侧响应的积极性不高，主要依赖政府的行政命令和少量的补贴政策。需要通过政策引导和市场化激励机制，调动用户的积极性，使其主动参与需求响应市场。新型经营主体也缺乏相应的入市机制，难以参与电力市场交易，发挥调节作用，获得相应收益。从现状来看，需求响应市场仍处于起步阶段，资源获利途径单一，用户缺乏多样化的收益来源。目前，仅山东省初步建立了需求响应与电力现货市场对接的机制，但参与深度不足，难以引导多元用户积极主动地进行负荷调节。现行的需求响应价格机制尚未完全市场化，缺乏动态的价格信号，无法有效激励用户根据市场情况进行负荷调整。

为进一步挖掘需求侧响应的潜力，需从以下几个方面进行完善：

推动电力市场建设，引入多元化获利方式：进一步推动电力市场的建设，为需求侧响应提供更加市场化的环境，使用户有更多机会参与市场交易并获得收益。

提升用户参与度：通过政策宣传和市场激励，提高用户对需求响应的认识，并激发其参与的积极性。

完善价格机制：引入更加灵活和动态的电价体系，通过市场化价格信号引导用户进行负荷调节，促进资源的有效利用。

补充新兴经营主体入市机制：针对区域新兴经营主体结构特征，明确分布式资源的计量与报价方式，将新兴经营主体引入市场。以虚拟电厂为例，针对电厂聚合资源的分散问题，设计净负荷的结算方式：将公司聚合的全部资源视为一个整体参与需求响应，可以对系统阻塞导致的峰值电价起到平抑作用。

净负荷结算方式下，电力市场、虚拟电厂与资源形成两级资源结算框架：在虚拟电厂内部，虚拟电厂与聚合资源之间发用电量的计量与结算依然按照传统的方式，各自在接入点设置计量仪表，测量实际发用电量；而电力市场与虚拟电厂之间则需确定一个或多个计量节点，该节点即为虚拟电厂聚合资源实际接入电网节点，只是各时段虚拟电厂的上网电量按照该节点实际上网电量计量，即发电量减去用电量得到的值，数值为正时虚拟电厂向电网送电，价格按照该节点边际电价计算；数值为负时虚拟电厂受电，价格按照区域用户节点价格计算。

虚拟电厂在聚合可再生资源与负荷后，通过投资改造终端设备，建设运营平台，使负荷具有一定的调节能力。通过预测聚合的可再生能源次日出力，对用户用电行为进行调整，使进入现货市场的负荷需求与聚合的可再生能源尽量平衡，尽可能降低各时段的净负荷。

在报价策略方面，考虑当前虚拟电厂规模较小，接受现货市场价格，不进行报量报价。结算时以各时段的实际出力情况进行结算。虚拟电厂与电网之间按照净负荷的方式，某时段对外送电时，按照聚合电源所在节点的电价结算，某时段从电网购电时，按照用户平均电价进行结算。

（3）加强相关技术创新、加快平台设施建设。需求响应的实现不仅依赖于政策和市场机制，还需要强有力的技术支撑。调用工商业资源涉及生产流程的实时调控，需要更为精确的表计与更快的计算能力。需求响应的有效实施需要相应的技术平台和基础设施支持，包括需求侧管理平台和公共建筑能耗监测平台等，平台的建设和运维需要持续的资金投入和技术更新。

加大技术投入：推动基础设施的技术创新，提升需求侧管理平台建设与运维，确保技术平台的持续更新和优化。

加强相关技术创新：加强包括智能调度、预测技术、能源互联网与物联网技术的创新以及大数据与人工智能的应用。提升用户行为分析能力，为个性化负荷调节和精准响应提供技术支撑。实时分析电力需求和市场动态，优化需求响应资源的调度。结合物联网技术，实现设备的智能互联互通，促进多能源资源的高效协同和管理。

通过完善市场机制、加强技术投入与创新，推动需求响应从应急手段向常态化机制转变，充分挖掘负荷侧资源的调节潜力，助力区域能源系统的优化与转型发展。

6.1.4　推进电－碳－绿证市场协同发展

电－碳－绿证市场是我国当前推进能源绿色低碳转型和双碳目标实现的三个主要市场，三市场的协同发展具有必要性。此外，从当前全国范围的建设情况而言，三市场发展也具备一定协同运作的现实条件。因此，亟须提出推进电－碳－绿证市场协同的政策建议，推动能源低碳转型。

（1）加快各市场规则建设、推动协同发展。电－碳－绿证市场建设呈现"牵一发而动全身"的特点，为避免市场建设"头重脚轻"，需要加速推进各市场的市场化建设，完善相关市场规则。

针对绿色电力市场，某省应将绿电交易的经营主体从目前为光伏、风电的发电侧扩展到符合条件的水电等可再生能源；和目前为售电公司、电力用户的用电侧逐步扩大到电动汽车、储能等新兴主体。针对碳市场，某省应有序扩大碳排放权交易的行业覆盖范围，将石化、钢铁、建材等高耗能行业纳入交易主体，改善市场活跃度。此外，建议持续完善配额分配政策，适时引入有偿分配，逐步提高有偿分配比例，激励终端用户主动发挥节能减排作用。针对绿证市场，为刺激用户的绿证购买需求，避免用户市场决策过于谨慎，和有效促进市场长期发展和提高活跃度。绿证市场建设应逐步探索建立以用户交易账户为关键点的绿证二级市场，促进各市场的协同发展。

（2）强化绿证的绿色电力消费标识功能。发改能源〔2023〕1044号文强调指出绿证是可再生能源电力消费的唯一凭证。因此，在强化标识功能的政策建议上，不仅需要提升发挥电力数据、绿证数据等对碳核查计量的支撑作用，还需要加速研究制定绿证、碳排放权配额、CCER 等产品体系间的互认联通。

在强化数据支撑方面，当前需要紧密结合温室气体排放核查程序，积极探索建立电、碳、绿证等交易数据辅助服务核查系列技术规范，建立健全电、碳、绿证计量技术体系，建立实时跟踪环境权益价值存证、流转等全过程的监管分析平台等，发挥绿证的最大功能作用。

在产品互认联通方面，应该明确环境权益产品间的制度边界，例如：对于 CCER、绿证等产品所涉主体范围重合等问题予以妥善考虑。此外，还需理顺环境权益认证体系，尽快建立面向不同类型环境权益产品的流通规则、核算体系间的联通和衔接机制，如：可考虑基于碳交易、绿证（绿电）交易等功能定位，以合理的方式构建绿证与碳排放量抵扣之间的关联关系，强化信息互联互通，减少面向清洁绿色电能的环境权益重复认证、多次核发、重复处罚等风险。

6.2 研究展望

目前，我国各地的市场建设正在不断完善，本书从交易机制、成本疏导、资源调用、市场协同等方面深入分析研究，为加速推动新型电力系统低碳转型提供理论基础。第一，在促进新能源消纳的电力市场交易机制研究方面：下一步，伴随新能源并网比例日益升高，参与市场化交易的范围逐步扩大的现实背景，为了实现以市场优化配置电力资源的同时保障电力供需平衡调节和安全运行，还需要进一步研究建立包含多年、年度、月度、月内、日前（日内）、实时等在内的多时间尺度下适应新能源参与的电力市场平衡机制。第二，在高比例新能源接入条件下的低碳转型成本疏导机制方面，后续研究可以针对高比例新能源并网所产生的系统成本提出类似于平均度电成本（Levelized Cost of Electricity，LCOE）的发电技术经济性评价指标，量化分析风电、光伏发电并网增加的系统成本。此外，如何根据我国电力市场建设情况制定相应的疏导策略是需要进一步深入研究的问题。第三，在挖掘需求侧灵活资源的市场机制研究方面，未来有待进一步深入不同资源主体的利益分析，对主体心理对应的交易行为进行建模，对现有研究进行修正与拓展。第四，在电－碳－绿证市场协同发展机制研究方向，在多维度、多时间尺度市场衔接、各主体参与市场机制设计等多个方面仍然有待更为深入的研究和探索，以适应市场化发展的新要求。未来，我国将逐步构建起一个清洁低碳、安全高效的现代电力系统，为实现"双碳"目标和经济社会的可持续发展提供有力支撑。